AF277309

Todos los libros de Linkgua Ediciones cuentan con modelos de Inteligencia Artificial entrenados por hispanistas. Pregúntale al chat de tu libro lo que desees acerca de la obra o su autor/a.

Para ebooks: Accede a nuestro modelo de IA a través de un enlace.

Para libros impresos: Escanea el código QR de la portada con tu dispositivo móvil.

Obtén análisis detallados de nuestros libros, resúmenes, respuestas a tus preguntas y accede a nuestras ediciones críticas generativas para una experiencia de lectura más enriquecedora.
La transparencia y el respeto hacia la autoría de las fuentes utilizadas son distintivos básicos de nuestro proyecto. Por ello, las respuestas ofrecen, mediante un sistema de citas, las fuentes con las que han sido elaboradas.

Calvert Casey

Memorias de una isla

Barcelona 2025
Linkgua-ediciones.com

Créditos

Título original: Memorias de una isla.

© 2025, de la presente edición Red ediciones S.L.

e-mail: info@linkgua.com
Diseño de cubierta: Red ediciones S.L.

ISBN rústica ilustrada: 978-84-9897-451-5.
ISBN tapa dura: 978-84-1126-142-5.
ISBN ebook: 978-84-1126-740-3.

Sumario

Prólogo

Hay quizá un toque de vanidad en el hecho de recoger en volumen, cuando se ha escrito muy poco, los ensayos y artículos dispersos en periódicos y revistas.

Sin querer justificar ese poderoso móvil humano, existe sin embargo el temor de que el artículo que hicimos con entusiasmo o el ensayo que pensamos detenidamente y escribimos con cuidado, y por el cual sentimos predilección, se pierda para siempre. Lo que un escritor escribe, peor o mejor, es la prole que es capaz de engendrar. Velar porque no se extravíe es, al fin y al cabo, solo un gesto paternal.

Otra justificación adicional sería la imposibilidad de conocer lo que se ha pensado durante cierto período de tiempo, y si en realidad se ha pensado algo, a menos que se lea en conjunto, hechas las eliminaciones de rigor.

El ordenamiento de los ensayos y artículos en este cuaderno pudiera parecer caprichoso. No lo es. Ante la necesidad de agruparlos de alguna manera, quedaron alineados así: I Escritores cubanos; II Escritores extranjeros; III Lugares; IV Apreciaciones.

Excepción hecha de las *Notas sobre pornografía*, publicadas en la revista *Ciclón* en 1955, y del comentario a un libro de Pedro Henríquez Ureña, el resto del material fue publicado a partir de 1959. El ensayo sobre Meza apareció en la *Revista de la Comisión Nacional Cubana de la UNESCO*; el artículo sobre Franz Kafka en la revista *Bohemia*. Todos los demás artículos y ensayos fueron publicados en el periódico *Revolución* y en el magazine literario *Lunes de Revolución*.

La obsesión de Martí con la muerte me pareció un rasgo singular de su carácter desde que comencé a familiarizarme con su obra. He dado solo una tentativa de explicación; alguna vez trataré de descifrar un poco más el resto del misterio. Mi curiosidad por Meza y su extraño eclipse literario es parte del gozo con que mi generación descubre, casi perdido en el siglo XIX, a un buen novelista cubano. *Las impuras* hirieron mi imaginación y de algún modo quise rendir tributo a un trabajador incansable, y posiblemente muy solitario, de la literatura.

Las notas sobre Franz Kafka no tuvieron al ser publicadas otra pretensión que la de divulgar una obra y una figura poco conocidas en Cuba por el gran público. Su redacción la inspiró en parte el temor de que las nuevas evaluaciones que se hacen del gran escritor tiendan a empobrecer la complejidad y la ambigüedad esenciales de su obra. Henry Miller es una vieja pasión. Es un escritor que perdurará. Como Lawrence, Rimbaud y Whitman, Miller se ha propuesto cambiar la vida. El mundo de estos escritores, lo que ellos se propusieron, me reduce a una dolorosa impotencia. Los comentarios sobre el libro de Pedro Henríquez Ureña debieron prologar una edición que nunca llegó a hacerse. Pensé que siendo la obra de Ureña vasta y admirable, divulgarla un poco más no dañaría su prestigio.

Recuerdo a la Isla de Pinos de mi adolescencia como un lugar vago, sin límites, de cabalgatas interminables y generosa lluvia. Tim y su ama existieron. Ella ha muerto, pero la especie de él conoce larga vida y quizás, en el fondo del bosque, aún piense en ella. La llegada de las fuerzas revolucionarias a La Habana, los rostros atezados, los cabellos largos castigados por el viento de enero, las miradas que querían penetrarlo todo, fueron una experiencia cuyo recuerdo me acompañará hasta el fin de mi vida.

La comprensión del pasado ha sido para mí una especie de obsesión. El ensayo sobre el siglo XIX es, en el fondo, un gran esfuerzo para demoler mitos propios. Las reflexiones sobre lo pornográfico me ayudaron a acercarme, por poco que fuera, a la extraordinaria pureza de lo erótico. Anaquillé me inspiró terror y gozo inconmensurables.

C. C.

Diálogos de vida y muerte

A la gran obsesión con la vida en Martí, responde otra obsesión igual, o más poderosa aún, la de la muerte. Desde que su producción literaria comienza a fluir en abundancia en México, no cumplidos aún los veinticinco años, hasta pocas horas antes de Dos Ríos la idea de la muerte estará alimentando su pensamiento.

La suya es la muerte del héroe romántico en su más puro aspecto. Quien tenía la certeza del reino de este mundo, de la felicidad posible, alcanzable por la simple fórmula de la generosidad y el amor, sintió toda su vida —y es la nota que remata muchos de sus pensamientos— el deseo de la muerte en contraste con la otra gran vertiente del pensamiento martiano: el amor a la vida, la fuerte pasión por el goce de los sentidos, la posibilidad de ver los más mínimos detalles de un mundo que para él es esencialmente hermoso y solo pasajeramente afeado por lo menos noble que ve en sí y en sus semejantes.

La contradicción no es aparente. Surge de la más somera lectura de una gran mayoría de textos martianos, y es uno de sus rasgos más intrigantes.

Una formidable (y envidiable) pasión literaria, casi única en las letras hispanoamericanas, que le hacía pensar escribiendo como otros piensan en voz alta y que lo obligaba a escribir como la manera esencial de pensar, nos revela las dos grandes obsesiones de Martí: la de la vida y por encima de ésta, la de la muerte. Fuga, diría un psiquiatra moderno, tendencias suicidas, autodestrucción, duplicidad del ego u odio a sí mismo. Todo es posible. Preferimos contrastar las dos tendencias para obtener la visión de un cerebro pensante de rara honestidad, y de una originalidad que impulsa grandemente su tradición. Indudablemente se nutre del naturalismo, lo admira y lo cita constantemente. Pero su yo interior es otra cosa. Los constantes estallidos de un cerebro atormentado e inmensamente fecundo denuncian al héroe romántico rezagado, el mismo que permanecerá sumergido y en silencio en medio de la inundación del positivismo y sus secuelas literarias hasta volver a consultar la muerte en lenguaje surrealista. No es casual que sienta «el misterio de Poe» y comprenda su mundo tenebroso.

La suya no es la obsesión existencial con la muerte, que exige el compromiso como la única justificación de una vida cuyo significado no debe preocuparnos porque no es aparente. Sería pueril negar que a la inmanencia Martí prefiere la trascendencia.

Por admisión explícita desde los primeros artículos de México, es un convencido de ésta, y mantendrá la convicción hasta última hora. Rara vez habla de Dios y detesta la religión organizada, pero cree, como anota Vitier, en una vida preexistente y en la venidera. ¿Explica esto su obsesión con la muerte? Difícilmente, porque al otro lado de la balanza está la intensa pasión por la vida, la capacidad apasionada para gozar de la tierra («contigo renazco», le dirán una y otra vez sus mujeres), un amor por la justicia y la bondad humanas muy difícil de conciliar con el desasimiento del trascendentalista activo.

El ensayo sobre Walt Whitman nos inicia en la fascinación de Martí con la vida y con la muerte. Admira con pasión al Whitman de la «persona natural», de la «naturaleza sin freno en original energía», de las «miríadas de mancebos hermosos y gigantes», al Whitman «satisfecho», pero abre su ensayo citando al Whitman que cree que «el más breve retoño demuestra que en realidad no hay muerte», para enseguida convenir con él: «la muerte es la cosecha, la que abre la puerta, la gran reveladora»... «lo que (y ya esto es Martí) siendo; fue y volverá a ser; porque en una grave y celeste primavera se confunden las oposiciones y penas aparentes... la vida es un himno; la muerte es una forma oculta de la vida... los hombres al pasar deben besarse en la mejilla; abrácense los vivos en amor inefable; amen la yerba, el animal, el aire, el mar, el dolor, la muerte». ¿Deseo de negarla? No en quien escribe que «la muerte o el aislamiento serán mi premio único» o que «la muerte es júbilo, reanudamiento, tarea nueva», para rematar con que «la muerte es la vuelta al gozo perdido, es un viaje».

Las tres afirmaciones, dichas en los años de México, y ahondadas hasta llegar al enigmático «¿Qué es la capacidad de morir sino la capacidad de ordenar?», alcanzarían por sí solas la categoría de obsesión. Pero dichas por un profundo gozador de la vida y por uno de los grandes creadores políticos del siglo XIX en el continente americano revelan a un hombre más misterioso y extraordinario aún de lo que habíamos supuesto. Su actitud desmiente todo el pensamiento moderno de que el supremo mal es la muerte, viniendo como viene de uno de los más grandes comprometidos del siglo XIX, capaz de un grado de compromiso, que haría palidecer de envidia al más *engagé* de los héroes sartreanos y de un hombre que no deja de sentir admiración por el pensamiento materialista:

La filosofía materialista, que no es más que la vehemente expresión del amor humano a la verdad, y un levantamiento saludable del espíritu de análisis contra la pretensión y soberbia de los que pretenden dar leyes sobre un sujeto cuyos fundamentos desconocen...

¿Quién puede dejar de sentirse intrigado ante el gran espíritu capaz de pensar que «adelantar por las sendas de la muerte, es una forma de la vida, como el arte es una forma del amor», mientras dedica la vida entera a asegurar óptimas condiciones materiales y políticas a todo un pueblo?

Explicar este aspecto de su personalidad limitándolo al viejo culto hispánico de la muerte que se hermana con la pasión por la vida sería injusto. Martí es mucho más complicado. Hay algo que lo convierte en el héroe existencial de nuestros días: su negativa a aceptar a priori nada que no haya podido experimentar directamente. Pero Martí excede al héroe existencial en que si éste se niega a discutir la muerte porque lo aniquila y la ve como una enorme amenaza, Martí trabaja con ella en todo el curso de una de las vidas más plenas posibles, trata de controlarla, de dirigirla, de expresarla en términos vitales para restarle su carácter definitivo, de incorporarla a la vida, negado a la última exclusión, desde una de las vidas más fragorosas de su tiempo: «Es un crimen oponer a la muerte todos los obstáculos posibles»... «así, siento que muero y alzo la cabeza, tiemblo de un espantoso frío, y sigo adelante». Es la actitud dualista, respaldada por una de las vidas más fecundas y extraordinarias con que nos hayamos puesto en contacto.

En sus últimos momentos, su obsesión por unir los opuestos, por salvar las contradicciones aparentes deja de ser una expresión literaria para convertirse en sus actos póstumos. El viaje de Monte-Cristi a Cabo Haitiano, de Cabo Haitiano a Dos Ríos, es un fervoroso canto a la existencia por un espíritu que ha alcanzado al fin la embriaguez de vivir, abiertamente dionisiaca. «En estos campos suyos, únicos en que al fin me he sentido entero y feliz... llegué al fin a mi plena naturaleza. No estuve más sano nunca...»; «al sombrío de los árboles se oye un coro de carcajadas. Los mozos echan el brazo por la cintura a las mujeres de bata morada. Una madre me trae su mulatico risueño. Y los ojos me comen, y luego se echa a reír mientras se lo acaricio y se lo beso. Sobre la cerca pobre empina los ojos luminosos Augusto Etienne»; «... es el fustán almidonado de una negra que pasa triunfante». Y días después: «...parece impasible, con la mar a las plantas y el cielo por fondo, un negro haitiano. El hombre asciende a su plena beldad en el silencio de la naturaleza», para llegar en las selvas de Baracoa a los límites de la exaltación: «La noche bella no deja dormir... Vuelan despacio en torno las animitas; entre los nidos estridentes oigo la música de la selva, compuesta y suave... siempre sutil y mínima —es la miríada de son fluido ¿qué alas rozan las hojas? ¿qué danza de almas de hojas?» Y en la gran exaltación de la vida el gran abrazo a la muerte, como negándose a dejarla fuera del banquete, complacido de su proximidad, de comprobar la ausencia de horror en lo que mucho se ha temido, con una complacencia no exenta de morbosidad: «No es horrible la sangre de las batallas»... «¿será verdad que ha muerto Flor, gallardo Flor?... Juan vio muerto a Flor, muerto, con su bella cabeza fría y su labio roto». Estas últimas páginas sobre la muerte posiblemente den la clave del insistente contrapunto de toda una vida: Martí llega a amar tanto la vida y siente tanto horror a la muerte que su única forma de destruirla es haciéndola parte de la vida, jugando con ella, tocándola, besándola. Ve ejecutar al cuatrero Masabó «sin que al hombre se le caigan los ojos, ni en la caja del cuerpo se vea miedo: los pantalones, anchos y ligeros, le vuelan sin cesar, como a un viento rápido». Y unas leguas más allá: «¿Cómo no me inspira horror la mancha de sangre que vi en el camino? ¿ni la sangre, a medio secar, de una cabeza que ya está enterrada, con la cartera que le puso de descanso un jinete nuestro?». Aunque mucho más, es también el viejo juego sensual con que el español acaricia la muerte para destruirla y los anuncios constantes: «yo sigo a un viaje donde no me llegará respuesta suya»... «vamos de frente y acaso no vuelva... yo aquí quedo con el alma en fuego»... «Será un rompimiento interior, a caída suave...»

Las últimas horas permiten intuir el enigma, anunciado ya en las dos estrofas de los *Versos sencillos* que sacuden con violencia a la poesía española:

> En cuanto llega a esta angustia
> Rompe el muerto a maldecir:
> Le amanso el cráneo: lo acuesto:
> Acuesto el muerto a dormir.
>
> Mi paje, hombre de respeto,
> Al andar castañetea:
> Hiela mi paje, y chispea:
> Mi paje es un esqueleto.

Ante la amenaza al supremo bien de la vida, Martí se pone a sobar la muerte, a hacerla suya: mediante la proeza poética morbosa, para destruirla comunicándole la vida, que es su negación y su destrucción definitiva.

1961.

Meza literato y los croquis habaneros

¿Por qué leemos de pronto a Meza con fruición y hurgamos en bibliotecas y colecciones privadas en busca de su producción literaria? ¿Por qué la sensibilidad actual encuentra en Meza al novelista cubano del siglo XIX que más se acerca a ella, y se complace en su modesto descubrimiento?

Lorenzo García Vega, primero de nuestra generación en descubrir al novelista, ha apuntado con certeza el motivo de la atracción que Meza ejerce sobre nosotros, que se suma al agrado de encontrar un escritor capaz de vencer las reservas con que acogemos a Villaverde. Meza, afirma García Vega, se «separa de la retórica tradicional de su tiempo», en su obra «el sin sentido de la vida cubana toma un galope, un febril reguero que le entregan a su novela una dimensión cercana a nosotros».

García Vega ve el rostro expresionista, «la hipertrofia de los detalles», y señala el «contrapunto entre lo real y lo irreal». Pero aunque habla del lenguaje onírico, de la «atmósfera de pesadilla» (que ya Martí había observado), de lo «irreal sin sentido», no llega a escribir la palabra surrealismo. Y podría hablarse sin temor de un presurrealismo. De esos mismos tres elementos se compondrá en su día el surrealismo, que los intensificará, administrándolos en grandes dosis. Casal, amigo del novelista, leía y traducía a Poe, y los libros que llegaban a la calle Obispo con cada correo, o en la maleta del Conde Kostia, y que hacían precipitarse sobre ellos a toda la redacción de *La Habana Elegante*, daban ya señales del futuro movimiento en los poemas de Baudelaire y Rimbaud y en los cuentos de Villiers. ¿Por qué, para explicar su atracción sobre nosotros no sumar el elemento fantástico a los demás que tanto nos atraen en el Meza joven de *Mi tío el empleado*[1] y que ya no estarán presentes en el Meza maduro que condenará la influencia de Huysmans y de DAurevilly sobre Casal?

Manuel de la Cruz, tan miope en otras apreciaciones, comprende enseguida el parentesco del novelista con la picaresca española. La crueldad de la escena del Carnaval no anda muy lejos del lance sangriento en que el Lazarillo hace al ciego destrozarse contra un obstáculo. De la Cruz señala la influencia de Daudet. Un escritor de la generación más joven, Antón Arrufat, restablece el parentesco en la crítica con que saluda la publicación de *Mi tío el empleado*, y observa que Meza supera el realismo elemental de Villaverde.

Todo esto explica la atracción que Meza, que prefigura sin saberlo el expresionismo, ejerce sobre nuestra generación. Pero hay algo más. Si admitimos que con una fuerte visión expresionista y utilizando elementos literarios muy avanzados Meza logra componer una buena novela realista, que es al mismo tiempo una crítica a la sociedad de su época ¿no estaremos admitiendo que consiguió la fórmula que todos buscamos ansiosamente: criticar lo que vemos de injusto en torno a nosotros, utilizando los descubrimientos de la sensibilidad moderna a los que ya no podemos renunciar?

Ahora bien, leyendo *Mi tío el empleado*, novela en que Meza supera las limitaciones del costumbrismo, y siguiendo la trayectoria posterior de la vida del escritor, nos asalta una sospecha. La tradición de nuestro país, primero colonia, luego semicolonia, el imaginativo «embullo» tan frecuente entre nosotros, grandes intuitivos a menudo sin otra consecuencia, ayudaría a confirmarla. ¿Sabría Meza exactamente lo que estaba escribiendo? ¿No estaremos ante un artista

---

1   Ramón Meza, *Mi tío el empleado*. Dirección General de Cultura. La Habana, 1960.

inconsciente? La intención aparente con que fue escrita *Mi tío el empleado*, criticar la administración española, y la forma en que remata un artículo brillante como *El carbonero*[2] para convertirlo —sin éxito— en un artículo de intención política, su rápida decadencia como escritor, convertido a los cuarenta años en simple comentarista de proyectos de obras públicas, plantean la duda de si el joven sensible, que a los veintitrés años busca ansiosamente un editor para su mejor novela fue un gran inconsciente o si la terquedad exasperante de la crítica con su torpe insistencia en el naturalismo y en el psicologismo destruyó a un brillante escritor en ciernes.

Fuertes indicios apoyan también esta segunda tesis. Después de anotar la influencia de la picaresca española en la novela de Meza y de anunciarlo como el futuro crítico picaresco de la sociedad criolla, Manuel de la Cruz declara su entusiasmo por *Carmela* y reproduce en la semblanza que hace del autor un párrafo de pésimo gusto. Varona revela su miopía literaria cuando prefiere a *Carmela* y niega *El duelo de mi vecino*. Villaverde ve a *Cecilia Valdés* perpetuarse en *Carmela* y asiente entusiasmado desde Nueva York. Todos se encantan con *Carmela* o con *Últimas páginas*, alaban al joven escritor por seguir los pasos del maestro ausente.

Martí, más al tanto de las corrientes modernas, es el que menos yerra. El creador quiere volver por sus fueros con *Don Aniceto el tendero*, que escribe a los veintisiete años, pero la primera visión ha sido abandonada tras *El duelo de mi vecino* y *Mi tío el empleado*.

Pronto la abundante producción inicial se extingue, su desorientación es completa. O bien la mala crítica (la única que puede existir en una colonia) confunde a Meza para siempre,

---

2   Costumbristas cubanos del siglo XIX. Barcelona, Linkgua ediciones, 2025.

o bien Meza es un producto colonial y otro confundido más, incapaz de tener conciencia de lo que quiere, paz y espíritu para desarrollar su fuerte vocación literaria.

En una colonia lo más urgente es hallar una identidad; pero ¿acaso la buena literatura de cada país no ha contribuido a hallar una identidad nacional tanto como pueden hacerlo los más grandes hechos de armas?

Creo que es posible llegar a una síntesis que descontando como es natural los factores de su vida privada, explique la muerte literaria de Ramón Meza a los veintiocho años, veintidós antes de su muerte física. A pesar de haber vivido en aquellos años de optimismo y relativa tranquilidad que siguen a la paz de Martínez Campos, en una época en que la literatura aún conlleva un gran prestigio, la preocupación política que exige la reafirmación de la nacionalidad que acaba de descubrirse en los campamentos del 68 y la mala crítica impiden que Meza se reconozca y adquiera plena conciencia de su vocación literaria, hacen que abandone su visión y lo frustran como escritor.

Otro frustrado más en la gran desorientación colonial. Se explica así que, a pesar de todas las garantías que su época aún ofrece a su vocación, de la amplitud de sus medios y de tener una editorial a su disposición, Meza detuviera abruptamente su producción. Como en tantos otros, lo más inmediato triunfa en él sobre lo mediato. Lo descubrimos, para comprobar que muere enseguida como creador literario y se convierte en urbanista amateur, profesor universitario, concejal y síndico del Ayuntamiento. Cuando regresa del exilio, no vuelve a la literatura, que abandonó mucho tiempo antes. Se dedica con la mejor buena fe a las urgentes tareas de construir una República que va a frustrarse enseguida. En una sociedad más lograda y estable, en medio de una gran tradición, dígase francesa o rusa, el sensible criollo hubiera cuajado en un escritor de carrera.

Pero si otros compañeros de redacción se muestran incapaces de asimilar a Poe o a Turgueniev, que con tanto fervor leen, el sensible Casal es en cambio capaz de eso. El autor de *Horridum somnium*, tan indiferente a los entusiasmos positivistas y naturalistas de sus amigos ¿no fue capaz de evitar la desorientación de Meza ni de ver en su novela otra cosa que una crítica a las costumbres coloniales? Las intensas lecturas e investigaciones a que se entregan con otros escritores del mismo grupo, a las que Meza atribuirá más tarde la muerte temprana de Casal, de Mitjans y de Manuel de la Cruz, las conversaciones ¿no son capaces de aclararle que su vocación más poderosa está en la literatura y no en la pedagogía ni en la política? El curso posterior de la vida de Meza indica que la influencia de Casal en el novelista no llegó a fortalecer su vocación. «Las realidades de la vida impusieron sus tiranías a nuestras ilusiones», escribirá Meza un año antes de morir en el largo ensayo sobre Casal, como para justificar su deserción de la literatura.

En los *Croquis Habaneros* están muy claras las dos tendencias de su obra literaria: la que le exige su vocación y la que le impone el medio. Triunfa la última y la carrera del escritor queda trunca. Los mejores Croquis se acercan a la época de su más afortunada e intensa producción. Los peores a la grisura realista que se le exige con la condición de abandonar toda sátira social, y a la que él cede gradualmente. Cuando los escribe ya se ha doblegado al medio, pero la visión primera apunta de vez en cuando. Su condición de buen escritor no lo abandona nunca, pero los Croquis son escritos cuando ya se ha iniciado su descenso como creador; sus dos mejores novelas han sido publicadas, y con *Carmela* Meza renuncia a su visión original, a la dimensión nueva, y se convierte en un triste seguidor de Villaverde. El buen escritor no muere, pero lo que escribirá después carece de interés.

Desde sus primeras novelas, Meza anuncia la próxima publicación de un volumen que llevará por título «Croquis Habaneros». Damos por sentado que en ese volumen se proponía recoger los artículos de costumbres y bosquejos de tipos populares, y quizás otros ensayos como el titulado *Las casas habaneras*, y reconstrucciones como *Una procesión histórica* que escribiría más tarde, además de otros que pensaba escribir y posiblemente nunca escribió. El proyecto no llegó a cuajar. La serie se interrumpe.

De haberlos continuado en la misma vena en que fueron escritos *Día de Difuntos*, *José el de las suertes* o *El mercader chino*, hasta completar el anunciado volumen, Meza hubiera dejado algo más que una simple colección de artículos de costumbres. Su visión particular del mundo que lo rodeaba, su capacidad para transformar lo que veía, para recrear y profundizar, elevan por encima del mero costumbrismo los artículos que él pensó destinar al volumen y le confieren cierto valor literario, a pesar de que el mejor Meza ya se había extinguido cuando los escribe.

Los artículos fueron publicados, como gran parte de la producción de Meza firmada o no, en *La Habana Elegante*, de 1886 a 1891, si consideramos *Una procesión histórica* como uno de los Croquis. El estudio del fenómeno literario y social que fue *La Habana Elegante* aún está por hacer y tendrá necesariamente que formar parte de cualquier evaluación seria que se intente de la cultura en Cuba durante el siglo XIX y su evolución posterior. Como la vida literaria de Meza está vinculada con esta publicación, estaría indicado tratar de recordar aquí su ubicación en la vida colonial cubana de fines del siglo.

La revista es fundada por ricos, en este caso cubanos, que sienten profunda aversión por otros ricos, españoles, y por la jerarquía militar y civil que los sostiene. Es una revista de sociedad llena de crónicas vacuas, muchas de las cuales Meza escribe y no firma, pero es también una revista literaria, cuyos redactores se hacen eco de la producción europea, sobre todo francesa, y de la hispanoamericana. La revista, que al principio tiene la impresión modesta, se convierte en el órgano elegante del ultra exclusivo Círculo Habanero, que luego se llamará Habana Yacht Club, pero al mismo tiempo que se multiplican las crónicas sociales, su redacción se enriquece con los mejores escritores del momento y con colaboraciones y traducciones de escritores extranjeros. La revista anima un movimiento que se traducirá en la publicación de varias novelas y volúmenes de poesía. Hay un momento en que todo el mundo quiere publicar algo. Ser rico y amar el arte, y hasta hacerlo, no son términos incompatibles. El Marqués de Esteban, presidente del Círculo, llega a publicar artículos semiliterarios. El gran prestigio que ha llevado consigo la literatura durante todo el siglo y que el romanticismo intensificó, aún está vivo.

Pero también es el momento en que, en los Estados Unidos, donde se inician las influencias que repercutirán entre nosotros con retraso pero fatalmente, el gran movimiento literario del siglo XIX ha terminado. Hacer dinero y acrecentarlo en la marejada del industrialismo que sigue a la Guerra de Secesión será la palabra de orden. Pronto, escribir o pintar será algo más bien exótico o sospechoso. La nueva actitud pragmática llega a nosotros pero en el momento que conviene a las semicolonias, y a mediados del siglo siguiente, ya en plena República, los hijos y los nietos de los socios del Círculo Habanero, en su gran mayoría tendrán como timbre de honor no haber leído un libro ni comprado un cuadro. Escribir unos y pintar otros será una extravagancia risible.

Muchos números de *La Habana Elegante* ofrecen en una síntesis inconsciente y única, entre rimas a la belleza de turno y notas sobre el último baile, una visión completa de las fuerzas que actúan sobre Cuba en un momento vital. El número del 23 de mayo de 1895 anuncia con un silencio elocuente la muerte de Martí, cuyo retrato publicará sin la más mínima nota. Se trata de una guerra de la que en apariencia nadie habla. Otra página del mismo número se ilustra con una fotografía de un negro africano, un guardiero de ingenio o de finca, quizá el último que aún vive, que la revista ofrece como tipo popular ya muy raro. Varios números más allá la revista anuncia la muerte del general español Santocildes y la compra de una gran embarcación de recreo por algún hijo de familia que insiste en divertirse. Entre un mundo que desaparece y otro que nace, Darío inscribe sus poemas, Daudet y Turgueniev trazan sus personajes.

Lo que salta a la vista leyendo los Croquis Habaneros es la capacidad de Meza para observar lo que ocurre a su alrededor, lo que pasa en la ciudad por la que siente un amor evidente en toda su obra, y para describir lo que ve en un lenguaje que todavía es contenido y preciso. Pero la capacidad de ver, de separarse del mundo habitual para observarlo como quien lo mira por primera vez, se completa en él con la capacidad para fijar el detalle grotesco, cruel, obsesivo, o la nota cómica. De ese modo nos va dando su visión particular de la ciudad, que él ve ligeramente cruel, ligeramente ridícula y ligeramente grotesca, aparte de todo lo demás. Así, cuando le dedica tres artículos a la ascensión del casi legendario

Matías Pérez, escritos en un tono serio y un poco ingenuo, para rescatar la memoria del terco toldista que se negó a descender, uno obtiene la visión de una Habana en la que todo el mundo sueña con elevarse en globo, y cuando habla del ofuscamiento de Matías Pérez, «condenado a vivir y morir entre trapos inflados», desliza con la reivindicación que pretende hacer del personaje, una breve nota de humor con que el buen escritor que hay en Meza nos hace percibir el lado irresistiblemente cómico del drama.

La tendencia a contraponer dos realidades para lograr una tercera, que ya es del mundo de la creación, es muy evidente en *Día de Difuntos*. Una visita al cementerio, provoca la visión literaria: «Solo turba el silencio del vasto recinto, una sola vez al año, el bullicio que en torno suyo esparce la ciudad viva que abandona sus calles y transita por la ciudad muerta».

La víspera de San Juan es uno de los mejores Croquis. Otra vez nos sorprende Meza con su habilidad para separarse del paisaje cotidiano y contemplarlo como si no lo hubiera visto nunca. Parece ver por primera vez los viejos baños de madera de San Lázaro: «como surgiendo fantásticamente los baños, esas construcciones extrañas». Las fogatas del San Juan van a alumbrar una gran fiesta popular sobre las rocas, que la pluma de Meza convierte en una noche de Walpurgis habanera:

«...un guayo de cocina, arañado, rasgado por una agujilla de acero aguijonea, sobreexcita, electriza los nervios de los danzantes y les da aliento en sus giros, brincos, saltos.» Comienza la noche, «...gran espacio, libertad completa... en la danza general de aquel grupo de bailadores entre los cuales se ven ejemplares curiosos de diversas razas, trajes que son reminiscencias o desechos de pasadas modas, semblantes de extrañas facciones, y al dudoso reflejo de las hogueras que a lo lejos se extinguen en la playa, a la débil claridad de los farolillos de papel y de vidrio coloreado semeja tan abigarrado conjunto babilónica confusión de centenares de tribus». Para terminar sobrecogida de una extraña tristeza: «Y por la madrugada los pianos, orquestas y acordeones cesan de tocar, las mujeres arrebujadas en sus mantas, con el rostro pálido, soñolientas, recibiendo con desagrado aquel aire fresco de la mañana, más fresco aún por la proximidad del mar, y los hombres con el sombrero calado hasta las cejas, con el cuello de la levita alzado, todos se retiran silenciosos...» El austero trabajador que fue el Meza joven, que apenas se detiene en las redacciones para entregar colaboraciones, evitando los corrillos, que no asiste a bailes ni forma parte de la juventud alegre, observa desde lejos la fiesta pagana, posiblemente sin tomar parte en ella, y la describe con mano maestra.

José el de las suertes es una bella descripción de uno de los tipos originales que debieron pulular por La Habana en esos últimos años de la Colonia. Hazard nos habla del enano puertorriqueño que vendía billetes con un grito agudo. José, que pudiera ser cubano, yucateco o haitiano, aparece y desaparece de La Habana, y se pierde en Cuba o en Venezuela. «Parece que hay cinco o seis José»... «cambia de habilidades, de suertes, de trajes, de modo de hablar»... «para despertar la curiosidad y despertar el deseo ha elegido la estrategia de retirarse y reaparecer al cabo del tiempo». José sabe que la veleidad es la más constante de las cualidades humanas. Baila dos muñecos y disfrazado de turista toca el *yankeedoodle* en una caña de bambú; es un mexicano que baila un mono, o titiritero de zaguán, o prestidigitador condecorado por el zar, o músico y artista extraordinario, y más que nada bohemio.

El carnaval antiguo y *El día de Reyes* tienen escaso valor literario; el primero es quizás el más conocido de los artículos de costumbres de Meza y ha sido reproducido con mucha frecuencia. *Día de Reyes* describe la fiesta estruendosa en que las dotaciones de esclavos gozaban de un día de simbólica libertad. La narración de Meza abarca el día completo, desde que los esclavos de las fincas cercanas a La Habana comienzan a llegar a la ciudad hasta que la Plaza de Armas queda desierta con la partida del último bailador. De la visión muy llena de prejuicios de Meza solo quedan los pintorescos bailadores aislados: libertos que exageran la moda y no quieren mezclarse con los cabildos por no descender de casta; los que se disfrazan de *minstrels* y deleitan a la muchedumbre con sus payasadas; los ojos asombrados de las tripulaciones de los barcos extranjeros surtos en puerto que acuden a presenciar el extraño espectáculo, y como telón de fondo el toque bronco y la gran masa jubilosa de los cabildos cuya significación Meza no puede comprender por sus prejuicios blancos y de autonomista joven, temeroso de que alguien pueda pensar que su país es bárbaro, y ofendido por las medias onzas que el Capitán General arroja a los bailadores.

El mercader chino, *El carbonero* y *El circo*, son los últimos esbozos populares que publica Meza. Una procesión histórica aparece en 1891 y pudiera considerarse como parte de los Croquis.

Una tienda de un mercader chino de La Habana llama poderosamente su atención. Hacia esa época su estilo descriptivo se depura y la pieza es perfecta. El párrafo con que la cierra es una buena muestra:

El mercader, sus consocios, dependientes y amigos, al caminar sobre el esterado suelo de la entenebrecida trastienda con sus calzados, que no hacen ningún ruido, semejan sombras de sacerdotes que vagan silenciosas y apesadumbradas en torno de aquella reliquia emigrada de los templos de la patria.

El carbonero es el penúltimo y quizá el mejor de los esbozos, a pesar de la alusión política con que el autor lo fuerza. El toque inconfundible de Meza está en la descripción de los chinos que alimentaban con hulla las carboneras de los grandes transatlánticos. «Aquello parece extraño baile de espectros en pleno día. Los pobres asiáticos parecen enfermos de rara epilepsia». Y más adelante:

> Se ve el marco; pero el fondo, sumido en la sombra, no se ve. En lo más hondo, solitario, contristado, revelando en la mirada una como nostalgia incurable de blancura, de limpieza, de aseo, cavila o dormita el carbonero...

Para concluir con el toque burlón, poco compasivo, muy frecuente en él en ese período:

> Este aislamiento, esta soledad induce a pensar qué destino final cabrá a todos esos pobres seres cuyo tizne es causa de que el mundo evite su roce, rehuya su contacto. ¿Se disolverán al cabo como un borbotón de negro humo en la masa azul del aire?

Otros artículos de Meza no son exactamente bosquejos costumbristas pero muy bien hubieran podido figurar en sus Croquis Habaneros.

En 1891 publicó, también en *La Habana Literaria*, un largo ensayo sobre la arquitectura de la vivienda cubana que tituló *Las casas habaneras* y que es el mejor de sus artículos sobre una materia que preocupó desde temprano a su mirada observadora. Ilustrado con toscos dibujos y grabados de fachadas, el ensayo es un pequeño estudio de la casa habanera, desde el bohío hasta la vivienda de tres plantas que comienza a levantarse en el momento en que Meza lo escribe. El escritor demuestra comprender el momento que en «las construcciones logran despojarse por completo de cuanto pudo influir en ellas la manera tradicional», o sea, cuando el modelo castellano es abandonado y gradualmente sustituido por los elementos criollos más amplios y ligeros, y surge la gran casa cubana, la espléndida fórmula arquitectónica resultado de la vieja tradición y el nuevo clima cuyo apogeo podemos fijar entre 1780 y 1880.

Pero Meza no advierte cómo, en el momento en que escribe, ya el neo-clásico se ha recargado y ha perdido su antigua nobleza, mezcla de austeridad y gracia. Celebra el mal gusto de fines del siglo, con sus ramos de flores de loza, sus porcelanas pintadas al óleo y sus columnillas estriadas, y llega a la dudosa conclusión de que en la fabricación de la vivienda habanera preside, en el momento que escribe, mejor gusto que en el pasado. Es la dualidad del escritor entre la inteligencia y la torpeza.

Otros bocetos que ha sido posible localizar no tienen el valor de los mencionados, pero, además de estar siempre correctamente escritos, nos sirven para fijar algunas de las ideas y de los prejuicios predominantes en el escritor. *La procesión de Resurrección* es un lamento por la desaparición de una ceremonia religiosa en que tomaban parte los hijos menores de las familias más ricas de la burguesía colonial. El párrafo final es una franca declaración de irreprimible prejuicio racista: «ni la procesión existe ya; ha recibido dos mortales golpes: la fuga del oro y la invasión de los etíopes». En *El carnaval antiguo*, ya citado, vuelve a asomar el fuerte prejuicio de su generación. Meza celebra la extinción de la ceremonia de los cabildos. No comprende el gran acto de identidad ni la fuente de consuelo que es la ceremonia para los africanos y en el rico espectáculo le molestan las faltas de ortografía de los estandartes, que anota cuidadosamente: «que biba el cavirdo de la nasión gangá».

Una vez más las páginas de *La Habana Elegante* reflejan el momento en que vive Meza y su generación, la reacción de la clase dominante ante la rápida evolución de los negros. La esclavitud queda abolida totalmente en los años en que se publica la revista. Artículos reflexivos muy tímidos se oponen a crudas caricaturas. Cuando un bando del Gobierno español permite a los negros el acceso a restaurantes y el descenso de la cazuela a la tertulia en los teatros, un caricaturista de la época hace un despliegue de burda crueldad en las páginas centrales de la revista. Aurelio Mitjans redime un poco a su generación varios meses después con un artículo en que busca en la costumbre las fuentes del prejuicio.

La lectura de los artículos que formarían el volumen de Croquis parece confirmar la idea de que estamos ante un escritor inconsciente de su poder de creación, al que la mala crítica y la búsqueda de una identidad dentro de la sociedad colonial desorientaron. Leo Quesnel, crítico de la *Nouvelle Revue*, discierne de inmediato en su *Estudio de literatura española* que *Mi tío el empleado* es la mejor obra de Meza. De haber abundado estas opiniones en torno suyo, quizás su carrera hubiera sido otra. Sería interesante determinar si François de Nion, otro crítico francés contemporáneo de Quesnel, de la redacción de la *Revue Independan*, quien le pidió sus obras para criticarlas, lo hizo alguna vez. Pero la crítica de Quesnel, como la de Martí, llega tarde. Su desorientación es un hecho en 1887 cuando publica *Carmela*, que todos celebran y consideran su mejor novela, y se aparta de la espléndida y original visión que tanto prometía en *El duelo de mi vecino* y *Mi tío el empleado*, escritas antes de los veinticinco años.

Hay en Meza el conflicto entre el ingenuo relator de las ascensiones de Matías Pérez y el creador de las amarguras de Vicente Cuevas, entre la ingenuidad y la visión aguda del artista que revela una dimensión diferente, a la que luego renunciará obedeciendo a presiones externas e internas.

Una procesión histórica es el último de los posibles Croquis. La idea de continuarlos y publicarlos parece ya definitivamente derrotada u olvidada. Después de 1891 la producción del escritor es muy escasa. Su atención se desvía hacia el grado universitario. Luego viene la lucha política, el exilio en el que escribe una novela lamentable, *En un pueblo de la Florida*, inferior a todas las anteriores. Cuando la paz se restablece, su interés no regresa nunca a los primeros objetivos, y antes de cumplir los cuarenta años Meza se pierde definitivamente para la creación.

1962.

Carrión o la desnudez

Decir que *Las impuras*, de Miguel de Carrión es una gran novela, es faltar el respeto a las grandes novelas. Afirmar que tiene los elementos que la hacen una novela aceptable y que a los cuarenta y cinco años de publicada es posible leer sus páginas con extraordinario interés, es hacer justicia a un escritor prolífico y solitario que trabajó, cosa rara entre nuestras gentes de letras, con enorme constancia.

En una carta a Mario Muñoz Bustamante, que prologa *El milagro*, su primera novela, editada en 1903, Carrión emite un juicio sobre la novela en Cuba en que trata de descifrar el misterio de la pobreza de producción y la inconstancia entre los escritores, no solo cubanos, sino también hispanoamericanos.

> Para hacer una novela —explica—, requiérese una atención casi continua de varios meses y una labor casi incompatible con otro género de trabajo. De aquí se infiere que no es la novela sino el novelista lo que no puede vivir en este ambiente. Además, el medio social resulta pobre; la vida pasional es poco complicada y de las impresiones recibidas, aquellas que la imaginación del autor puede reflejar al exterior, son tan escasas y tan débiles que apenas bastan a satisfacer la necesidad de un cerebro de medianos alientos.

Luego expone las razones sociales que cree entrever en la pobreza de la producción novelística y literaria en general.

> Para que el estudio humano que representa una novela, de más profundidad científica y artística, pueda aparecer en las sociedades más avanzadas del mundo, necesita una extensa prepa-

ración del campo de las letras. Su presencia indica el estado de completa madurez de una sociedad cuyas fuerzas sobrantes se vuelcan sobre ella misma por un impulso reflexivo espontáneo, que puede observarse aun en los mismos individuos. Nuestra masa colectiva, por el contrario, está todavía en plena condensación y en uno de esos estadios primarios de crecimiento.

El autor de tan certero análisis de nuestra pobreza literaria dejó una obra que para su época y para su ambiente fue considerable: tres novelas publicadas, una inconclusa y varios cuentos. Además, Carrión aplicó la técnica implacable del naturalismo a la sociedad de su época, que sus contemporáneos se empeñaban en ver color de oro, y él veía en sus justos tintes sombríos.

Es lástima que Carrión leyera muy pocas novelas buenas. Se adivina la falta de un Stendhal en sus lecturas, muy limitadas a Zola. Cuando los norteamericanos comienzan con Theodore Dreisser a dar su propia interpretación atormentada y de gran vuelo de la novela naturalista, Carrión se entusiasma con la producción del Blasco Ibáñez de la primera época.

Incluso hay que preguntarse si leyó al Galdós sombrío y descarnado del Doctor Centeno, al Galdós de una España sin color, la verdadera España fanática y sombría que se perpetúa en el grito terrible de Doña Perfecta. ¿Llegaría Dostoyevski a las librerías de Atlanta, donde Carrión pasó su primera juventud y sufrió la emigración? ¿Encontraría en sus vagabundeos por las librerías de Nueva York y Filadelfia algún ejemplar olvidado de Henry James, más olvidado aún de sus contemporáneos?

Uno lamenta que el mismo poder de captación y la misma constancia y entusiasmo que desplegó Carrión para incorporarse a un naturalismo trasnochado, que le llegaba por la lenta vía de España, no hubieran sido empleados para ponerse en contacto con sus contemporáneos más valientes o más atormentados, entonces en plena producción: Gide, Svevo, Kafka; con la mente majestuosa de Mann o con la imaginación de Andreiev.

Nuestro escritor tenía suficiente visión propia, suficiente independencia de juicio para, en circunstancias más felices, en mejor compañía literaria, haber dado una obra de más envergadura, más penetrante y más de acuerdo con las corrientes de su momento.

El escritor y su tiempo

La generación de Carrión abundó en escritores interesantes, hombres que buscaron la acción, hijos de un fin de siglo agitado por las corrientes socialistas.

De ellos, Carrión fue quizás el de vida más sosegada, aunque emigró durante la guerra del 95, se hizo médico bien pasados los treinta años, y practicó la carrera junto con las labores tiranizantes del periodismo que ejerció siempre.

Loveira también emigra al estallar la guerra del 95. Trabaja en Cuba como obrero ferroviario y se hace jefe principal del movimiento sindicalista en época de Menocal, cuando ser sindicalista equivalía a ser criminal. Luego, en Yucatán, organiza el Departamento de Trabajo.

Jesús Castellanos emigró a México en 1896, e hizo intensa propaganda separatista. Marcelo Salinas, el más joven de la generación, estuvo activo en los grupos anarquistas cubanos, ayuda a la Revolución Mexicana desde los Estados Unidos y proselitiza allí y en España.

Literariamente, Jesús Castellanos y Carrión son los más interesantes. Castellanos es el primero en liberarse del realismo español que lastra toda la producción cuentística cubana de principios de siglo, con un dominio supremo de la técnica del cuento. Carrión es un cuentista muy inferior a Castellanos, pero nos sorprende con un bello cuento impresionista publicado en 1903, *Inocencia*, que parece una acuarela de Juan Marín, y lo acerca a los norteamericanos contemporáneos.

Carrión sobrevive para nosotros por la formidable crítica social contenida en sus novelas, sobre todo en *Las honradas*, publicada en 1918, y *Las impuras*, impresa el año siguiente.

Ya en la colección de cuentos, que él llamaba narraciones, publicada bajo el título de *La última voluntad*, se adivina el crítico desilusionado de la sociedad que le rodea. Literariamente, solo *Inocencia* sobrevive.

Pero hay otra narración, *El doctor Prisco*, donde comienza a apuntarse el Carrión implacable de *Las impuras*. Prisco muere solo, sentado en una silla del Paseo de la Punta, en una tarde de domingo, mientras gira en todo su esplendor el paseo de los nuevos ricos, de la nueva República. Mientras el Sol se pone sobre la lejana batería de Santa Clara, Prisco se muere, contrariando a los paseantes, a las damas tocadas de plumas, a la muchachada confiada que pasea sobre regias monturas la insolencia de la juventud política. La Punta parece una escena wagneriana, el Sol poniente la tiñe de violeta; el paseo debe seguir, seguir, no puede detenerse un instante. La tarde muere rápidamente. Una mujer es la única que reconoce a Prisco con un grito; le besa la mano con un gesto fin de *siecle*; la ambulancia de caballos llega agitada, los camilleros se lo llevan. El paseo continúa girando, espléndido, increíble.

La mirada de Carrión ve mucho en el paseo ardiente y elegante, en los carruajes que giran sin detenerse antes de subir el Prado. Ve «viejos con cara de imbéciles», ve cómo «entrábamos en la inconsciencia», ve cómo «el Gobierno Militar había llenado La Habana de garitos y mancebías». Y ve más, ve a la ciudad cubriéndose de afeites y pinturas para borrarse las manchas y taparse la fealdad de la miseria. «La Habana era una ciudad feliz en su miseria.»

La técnica

Carrión escribió la primera de sus novelas naturalistas en Atlanta, la capital del Estado de Georgia, entre 1897 y 1898, mientras en Cuba ardía la guerra, y la editó en La Habana en 1903.

La acción de *El milagro* pudiera desarrollarse en un país cualquiera que no fuera Cuba. Hay una o dos alusiones vagas a una guerra que pudiera ser la de los Diez Años, pero el autor no lo aclara. La intención evidente fue la de escribir una novela sin tiempo y sin lugar, donde se dieran los hechos y conflictos humanos posibles en cualquier lugar, que el autor va a resolver al modo nietzscheano, por el estallido de las fuerzas sujetas de la Naturaleza. El escenario es desolador. La existencia poco grata, sin afeites. La posesión de las hembras por los varones se consuma brusca y rápidamente. Los viejos sementales pueblan el valle con la regularidad con que se fecundan los rebaños.

En la última página, Juan el seminarista posee a su antigua compañera de juegos en una tumba vacía, en medio de la noche que tiembla de fecundidad y de gritos. Restablecido el respeto a las jerarquías naturales y a las fuerzas del mundo, Juan regresa a la tierra color ocre y al valle terrible que el Sol no perdona un solo instante.

Las descripciones son superiores a las de otras obras de Carrión. Como en las obras mejores de sus maestros, la tensión va aumentando hasta hacernos casi estallar. Pero si en Zola casi siempre conduce a la muerte, aquí conduce a la vida y el estallido anuncia la creación.

La amiga del seminarista y el Don Fernando de *Las honradas* son el mismo agente catalizador, la misma persona que va a liberar a los protagonistas de todos sus terrores y fastidios, por la vía del conocimiento sexual. Uno es una muchacha campesina, saludable y rolliza, que no pide muchas explicaciones a los misterios del mundo, sencillamente los ejecuta; el otro es un *bon vivant* insoportable de La Habana de principios de siglo, que recibe a sus amigas en una opulenta oficina y que utilizará los servicios de una viuda, para consumar sus designios. Pero en el fondo son el *deus ex machina* que precipitará a los protagonistas en el conocimiento bíblico y los salvará.

Carrión tropieza en *El milagro* con el muro infranqueable de las malas compañías literarias. En algún momento funesto debió leer a Vargas Vila. De ahí la repetición de situaciones explotadas hasta el agotamiento.

Arista, el sabio cenobita, salva a la novela de caer en el naturalismo más manoseado. Hay una larga tirada contra el celibato religioso, pronunciada por el misántropo junto a la cama de un viejo campesino agonizante, que recuerda al Lawrence de *El hombre que murió*, el simbolismo espléndido del gallo que renace siempre y vuelve implacable al corral; Jesús inmensamente fatigado del papel que le obligaron a asumir contra su carne, sintiendo renacer la vida lentamente entre sus muslos; Isis reconstituyendo eternamente los pedazos dispersos de Osiris.

Arista es una figura admirable. En el fondo de su cueva decorada de restos de moluscos, alfarería milenaria y restos prehistóricos, el anciano reconstruye al hombre y llega a las conclusiones más simples posibles. Su figura tiene una fuerza tremenda en una novela entre cuyos pocos méritos está el de que todos sus personajes, quizás con la sola excepción de Juan, son convincentes.

Pero Lawrence fue a beber directamente en la simple fuente etrusca; nuestro modesto Carrión leyó a Blasco Ibáñez.

Honradas

Lo que más sorprende y satisface en Carrión, lo que lo hace interesante para nosotros, es su absoluta indiferencia ante los falsos valores aceptados por su época, y ante los tristes entusiasmos nacionales. Donde otros ven el brillo, la riqueza o la promesa de enormes riquezas, él ve la sordidez, la pobreza, el parasitismo, el crimen, la corrupción política, la inseguridad agobiante de la vida económica cubana. Cuando Victoria, la heroína de *Las honradas*, regresa a Cuba al terminar la Guerra de Independencia, no participa de la embriaguez ni de la ingenua alegría de todos. Contempla, a una luz cruda y fría, el espectáculo de un país devastado por cuatro años de guerra. Sin ambages, expresa la mala impresión que le produce la ciudad empobrecida, que apenas sale de la colonia: «Las casas bajas, las calles estrechas, las aceras casi ilusorias y las caras demacradas de sus habitantes... por todas partes se veían las huellas de la catástrofe». La familia se instala precariamente y logra un mediano pasar gracias a la mentira, si no dicha, tampoco desmentida. «Por aquel tiempo estaba en moda el heroísmo, y la hipérbole siempre lo estuvo entre nosotros.» Comienza a circular el rumor de que el padre huyó al campo revolucionario tras un combate con los españoles, y se vio obligado a huir al extranjero después de incendiar sus propiedades. Hasta los periódicos llegan a hablar del asunto. El padre quiere negarlo indignado, pero el gobierno militar interventor, buscando ganarse la simpatía de los hijos del país, juzga oportuno recompensar sus servicios con un nombramiento. Así, sobre un falso mérito, comienza la vida republicana de este «héroe nominal y burócrata efectivo» y la de su familia, en un país devastado en que no era posible encontrar en qué ocuparse.

En plenas vacas gordas Carrión se niega a ver el espectáculo de la opulencia. Un cronista de paso se entusiasma describiendo la salida del Jockey de los nuevos ricos y el Malecón lleno de vehículos abiertos, a la puesta del Sol. Carrión ve la juventud melancólica, falsamente cínica y sin ideales, «en la extraña ciudad tropical, llena de lujuria y de Sol», las calles de aceras deshechas, la incuria, el abandono.

Como lazo invisible, asfixiante y liberador de cada uno de los personajes de Carrión está el sexo, que lo destruye y lo crea todo. Los que más se acercan a él, los personajes del pecado, son extrañamente los más libres y más reales en toda su obra. Las descripciones de los virtuosos se caen lastimosamente, la narración aburre y se hace falsa y hueca.

A Victoria le escamotean el mundo del sexo desde que comienza a vivir. La madre lo oculta como una enfermedad. Un oficial español se atreve a rondar a la hermana y es expulsado con un gesto fulminante por el padre, como un criminal. Es la vieja virtud española mantenida a golpes y decretos y convertida en celo obsesionante en la vida calurosa de la provincia.

El rigor paternal y los rígidos pudores maternos acaban por hacerle repugnante todo un mundo que desconoce. Cuando la lujuria y la gula vienen envueltas en la respetabilidad y acolchadas por gruesas cuentas de banco, el padre y la madre la comprenden y hasta la admiran, y la hermana de Victoria es entregada al denso admirador que la corteja desde los almohadones de un coche de lujo. Victoria contempla asombrada a los padres, culpables de todas las complicidades que permite la respetabilidad y deslumbrados por el sombrío palacio del Prado que espera a la novia y a su grueso consorte. Victoria ha reconocido la hipocresía.

Presionada por la familia y por la costumbre, Victoria se casa a su vez, sin que ello adelante en lo más mínimo su conocimiento del gran misterio. Nadie es feliz. La posibilidad de serlo parece haber huido entre la confusión y las torpezas de un marido que no pasa de ser entusiasta. La vida languidece en los meses desesperantes del tiempo muerto en un ingenio, donde se van a vivir.

Victoria regresa a La Habana, para evitarse los rigores de un clima malsano, mientras el marido queda en «el monte», donde se prepara otra gran explotación azucarera. El insoportable don Fernando hace su aparición. Viste a la inglesa, no descuida un detalle; es atento, cortés, tiene los ojos negros, el cabello gris hacia las sienes, la voz calmada y persuasiva y una oficina montada con absurdos lujos. Es soltero, desilusionado, algo cínico, y tiene el don de la ubicuidad. Victoria lo encuentra en todas partes, no puede escaparle.

Tiene además una amiga comprensiva, una viuda cómplice y simpática que por rara casualidad alquila una casa cerca de la de Victoria, junto al Cementerio, y la amuebla primorosamente, y donde por otra rara coincidencia va una tarde de visita don Fernando.

En una escena de seducción candente, minuciosa y espléndidamente escrita, capaz de agotar la imaginación del voyeur más exigente y que resume todas las escenas de pasión de la época, Victoria es iniciada por don Fernando, en el simple, bello y gran misterio que tan tercamente le era negado. Victoria va a salvarse por el conocimiento sexual, no por la ignorancia. El engolado don Fernando es el mero instrumento sabio, que desaparecerá muy pronto. Lo que ocurre después no importa, será parte de la vida y de la muerte. La vida puede ahora continuar. El viejo sueño naturalista se ha cumplido. La tierra y sus fuerzas reclaman lo suyo y lo obtienen. Pero para carrión las fuerzas no destruyen a los hombres, sino que los convierten y recrean, y pueden traerles el amor y la felicidad.

Impuras

Los verdaderos *tours de force* en la obra de Carrión pertenecen al mundo de lo equívoco, a las iniciaciones sexuales, a los descubrimientos, a los seres del submundo habanero de principios de siglo que venden el cuerpo y el alma, junto a los cuales los virtuosos parecen pálidas figuras que dicen lo que deben decir, pero que no tienen sangre ni color.

La Aviadora, con sus amistades equívocas y sus extrañas fidelidades; la Sardina muriéndose de tisis, de orgía en orgía; el maledicente Veneno, salvan para nosotros la última novela de Carrión. Destruidos los mitos burgueses con *Las honradas*, el autor ya puede entregarse a describir el mundo que le fascina, y nos entrega una extraña Habana de sádicos y masoquistas donde una dama distinguida paga su afición a las figuras del hampa con una lúbrica azotaina que recibe en alguna saturnal criolla, en plena carretera de Guanajay y atada a un árbol, y Carlota soporta con estoicismo digno de mejor causa su dosis diaria de bofetadas de manos de Azuquita el chulo.

En los últimos años de su vida, quizás para pagar a acreedores apremiantes o por un verdadero placer de hacerlo, Carrión escribió obritas semipornográficas, folletines breves y mal impresos que se vendían por entregas semanales a un precio ínfimo. Los detalles maestros no faltan y cuando Carrión trata de ensalzar la virtud, sus descripciones del vicio son tan espléndidas que acaban por hacernos dudar.

Pero su denuncia de la hipocresía y la mojigatería es, por contraste, elocuente y altamente efectiva, y es el motivo reiterado en toda su obra, como si hubiera querido hacer caer por un extraño placer reiterado entre nosotros, el delgado tabique a ambos lados del cual conviven extrañamente en Cuba (o han convivido, la sociedad cubana sufre en estos momentos profundos cambios) una rancia mentalidad provinciana, que atraviesa todas las clases, y la más libertina y relajada actitud ante la vida.

En *Las impuras* Carrión quiere hacer mirar a los lectores de 1920 del otro lado del tabique. Siente que ha puesto las cosas en su lugar con *Las honradas* y ahora mostrará a sus contemporáneos que del lado de allá de la delgada división, hay también un complejo mundo de falsedades, sentimientos auténticos, amores y odios. Es de lamentar que la novela se mueva en torno a un personaje tan falto de vida como Teresa Trebijo.

Lo que queda en pie de *Las impuras* es un análisis implacable y maestro del «relajo» cubano, con su impulso infantil y autodestructor, de la mentalidad que nutre toda una época, del extraño mundo de *souteneurs* y mantenidas, con sus rígidas leyes, y de la crápula política de la República.

En este mundo real, los falsos sucumben, no hay lugar para ellos. Si se es bueno, hay que serlo de veras, aunque las apariencias engañen a los observadores menos avisados. Si malo, hay que serlo hasta el fin, fiel al principio de la supervivencia del más fuerte.

Rogelio se pierde; no es ni siquiera malo. Incapaz de la menor fidelidad, llega a todos los extremos por salvar la botonadura de oro de la camiseta. Desprecia el periodismo de su época, pero es incapaz de practicar otro, y no vacila en aceptar la sinecura ministerial que le ayudará a compensar su incapacidad para mantener a su familia. Indigno del fanatismo de la Aviadora y del amor de Teresa, ni siquiera puede salvar a su familia de la destrucción, a la que asiste impávido.

Rigoletto, cínico y deforme, a pesar de todos los esfuerzos del autor no sobrevive. Es un falso cínico, y en este mundo la falsedad no se tolera. Ni siquiera su amor por Teresa redime una vida de complicidades con el inefable Mongo Lucas, el falso general de la Independencia, y de enjuagues y trapicheos con la lista de electores de la provincia de la Habana.

Carmela, la Aviadora, copiada sin duda de la figura real de una vividora de la época, es fiel a sí misma hasta el fin, desde la cruda escena con que epiloga en la carretera de San Francisco de Paula la rumba de la calle Factoría hasta el momento en que abandona a Margot y su apartamento del Malecón para mantener a Rogelio el resto de sus días. La figura de la Aviadora tiene una tremenda vitalidad. Generosa con los desposeídos e implacable con los que pagan sus caprichos, como lo exigen las leyes de su mundo, de ella emana una fuerza extraordinaria, mezcla de bondad y de odio, de mal gratuito y real, de goce encanallado y de servilismo sexual, que la convierte en la figura más auténtica y fuerte de toda la novela. Ni Margot, buscona de oficio y su amiga íntima, que la busca por la ciudad para desfigurarle el rostro cuando se le escapa con Rogelio, puede detenerla.

Veneno es la encarnación del mal en un ser humano, el ente diabólico de la novela, el alma perversa en su más puro estado. Su oficio de chofer de «piquera» le permite estar en todas. Deshace reputaciones con el mismo placer genuinamente diabólico con que arrolla a pacíficos transeúntes o se convulsiona de risa cuando hace correr a viejos tullidos delante de su automóvil. Está al tanto de todo. Conoce el último escándalo, la «suiza» más reciente, la ruina inminente, la próxima miseria, el deshonor inevitable. Todo le produce un placer inenarrable.

La rumba de la calle Factoría es la escena culminante y magistral de la obra. Es el «relajo» llevado a sus posibilidades máximas de catarsis, la escena donde todos van a entregarse sin escrúpulos a sus propias fuerzas, la gran revelación de la novela, y el golpe maestro con que Carrión va a desnudar a sus personajes y a legarnos una espléndida descripción literaria. Allí están todos, vivos y «verracos», los que pagan y los que se hacen pagar; mantenidos y explotadas, buenos y malos, falsos y auténticos, girando a los danzones de un pianista espectral, tomando parte en el frenesí agotador, sudando, ebrios, mientras la tribu negra de la mulata Felicia, la dueña de la casa, se entrega en el refugio de la cocina a una parodia de la orgía, en espera de que los invitados desalojen. La rumba culmina en un lance de sadismo escalofriante, en la que Azuquita se revela en toda su crueldad.

La escena tiene un ilustre antecesor en la «cuna» de Villaverde, el baile rumboso de mestizos y blancos, donde Cecilia Valdés hace su deslumbrante aparición para embrujar a unos y otros. Pero la «cuna» de Villaverde, con toda su gracia y frescura maravillosas, palidece ante esta rumba de Carrión, bullanguera y sombría, cruel y sin esperanzas, celebrada con todos los preparativos de rigor en un mediodía caluroso del barrio del Arsenal, en que no hay nada mejor que hacer.

Carrión tiene el mérito de haber sabido observar y utilizar directamente los elementos que le rodeaban para la construcción de su mundo literario; una construcción que si deja mucho que desear, abunda sin embargo en descripciones de tipos y momentos que tienen categoría antológica. Si la primera parte de su obra está lastrada por la tesis naturalista preadoptada, en cambio *Las impuras* es una exposición cruda y directa de su tiempo, trabajada con suma libertad y sin tesis preconcebida, en la que los malos momentos de sentimentalismo están más que compensados por la autenticidad de los personajes y la profunda crítica social que la obra conlleva.

La cruda exposición y el análisis que sin proponérselo hace Carrión del fenómeno social del «relajo», del principio agudo del placer, que fue motivación de varias generaciones, convierte a *Las impuras* en un documento sociológico de interés permanente, si sus méritos literarios no bastaran.

Esfinges

Cuando Carrión escribe *El milagro* y *Las honradas*, está repitiendo el mecanismo que absorbe de sus largas lecturas de Zola y Blasco Ibáñez: a la felicidad, no por el pecado, idea que Carrión combate, sino por el conocimiento de la Naturaleza, del sexo, del amor, y por la autenticidad de los sentimientos. Más tarde, al escribir *Las impuras*, se retracta de esa posición. ¿Ha variado su tabla de valores morales? Es evidente la contradicción entre su postura de las dos primeras novelas —a la felicidad por la iniciación en el sexo— y la de las dos últimas —la pureza femenina, destruida en Teresa, intacta en Amada— contradicción que equivale a un salto atrás hacia la provincia y la tradición.

Este idealismo provinciano de última hora inmoviliza literariamente a Teresa Trebijo; a Amada Jacob la convertirá en una momia. En *La esfinge*, interrumpida en sus últimas páginas por la muerte del autor (1929), Carrión logra con verdadero rigor y sin concesiones expresar el sentimiento de encierro, de asfixia que una combinación implacable de tradición, frustración e hipocresía son capaces de crear en torno a Amada Jacob. En su prólogo a la novela Mario Parajón ve muy claramente este acierto. Ni la heroína ni la novela abandonan el viejo caserón del Cerro. Todo ocurre entre los gruesos muros, los altos puntales, las ventanas cerradas y las tapias que impiden ver la calle. Por la Calzada del Cerro, azotada por la lluvia, solo pasan tranvías solitarios; hay una callejuela lateral que bordea la tapia donde Amada deja sus notas desesperantes a Marcial, pero por allí no pasa nadie. Aparte de unas compras casuales, Amada no abandona el caserón. Carrión llega a causar al lector una verdadera sensación de encierro físico cuando una campanada grave de un reloj indica la hora invariable en que la ciega madre de Amada agita una campanilla de plata para que vengan a dar luz. «Amada sintió frío ante aquella metódica regularidad de la vida, arreglada invariablemente a horas fijas, en que se había movido desde su niñez.»

Cuando parece que Amada va a ceder a los deseos de Marcial, el lector y éste quedan frustrados por el terco idealismo de la mujer. Una y otra vez Carrión repite el juego, se muestra tan riguroso como cuando crea el ambiente de encierro del caserón. ¿Por qué, si sus otras heroínas habían elegido el amor libre como el camino del conocimiento? Parajón lo explica así:

Carrión, como muchos de sus contemporáneos siente la tendencia irresistible a endiosar a la mujer; ha reemplazado con ella a Dios. Las razones que Carrión alega para endiosar a Amada Jacob son muy endebles: «Los Villalosa morían, cuando no era posible escoger más caminos que la muerte o el pecado, y allí estaban ambos para afirmar con su presencia el sagrado código de la familia».

La explicación torpe del novelista hace más evidente la contradicción con su posición inicial, o la ausencia en su obra de una actitud moral consecuente. Con la edad y la proximidad de la muerte, Carrión inicia un regreso a las tradiciones españolas, entre las cuales la virginidad es de las más fuertes. Es un viraje violento.

Queda, infortunadamente para nuestra modestísima novelística, uno de cuyos puntales es Carrión, el lado terriblemente cursi de su narración, que llega a hacer irritante la lectura de sus obras. En el párrafo anterior, hemos transcrito un trozo maestro de ridiculez. Cualquiera página de *La esfinge* es un rico muestrario de anacrónicos lugares comunes, algunos de los cuales mueven a risa:

«Levantó la cabeza bruscamente, como en un arrebato, y dijo en alta voz: —¡Ah! ¡Si él pudiera verme ahora!, ¡cómo se convencería de que es verdad que sufro horriblemente, que mi corazón sangra...»

Y más adelante: —«¿Qué infamia, hija mía?»

Es imposible escribir así el mismo año en que Ernest Hemingway publica *Adiós a las armas*, y largos años después que Pío Baroja ha escrito sus trilogías mejores.

La falsedad del diálogo, propio de malas comedias españolas de salón que más tarde se transformarán en tormentos radiales (¿quién en Cuba, es capaz de decir a una novia o a un amante: «Amada, hija mía, ¿no habrás cometido una imprudencia?») y la ridiculez de la narración estropean en Carrión el simple placer de la lectura. No ocurre en *La esfinge* lo que en *Las impuras*, donde la fuerza del diálogo popular y la crudeza de las escenas callejeras llegan a contrapesar ese defecto del novelista, inseparable de su obra, y producto evidente de sus pobres lecturas.

La esfinge nos completa la visión de Miguel de Carrión, de sus fracasos y de sus éxitos como creador en la novela, que con tanta parquedad hemos cultivado los cubanos.

1961.

Kafka

Acabo de leer *El castillo*, una de las pocas novelas que pueden realmente llamarse grandes. Pienso en las novelas que más me han impresionado: *Moby Dick*, de Melville; *Viaje a la India*, de E. M. Foster; *La cartuja de Parma*, de Stendhal; *El hombre que murió*, de D. H. Lawrence; *La montaña mágica*, de Thomas Mann; *Los hermanos Karamásov*, de Dostoyevski. Ninguna excede en profundidad a esta novela de Franz Kafka. Solo Lawrence en su historia de un Cristo despojado de todo atributo divino, vuelto a la tierra para vivir como hombre y renacer a través de su sexo, libre de la pesada carga mesiánica que el misticismo de sus contemporáneos echó sobre sus hombros, trabaja con tal economía de elementos.

¿Qué ocurre en *El castillo*? Muy poco, o mejor dicho nada esencialmente. El genio de Kafka es capaz de hacer una gran novela sobre un hecho que no llega a ocurrir.

Una noche de invierno, K. llega a una aldea, presumiblemente austríaca, sobre la que ha caído una copiosa nevada. Ha sido designado agrimensor por las autoridades del Castillo y viene a ocupar su cargo, para lo cual pide ser recibido. Al llegar a la aldea, K. mira hacia el Castillo pero no lo ve: «...estaba oculto, velado por la niebla y la oscuridad, ni siquiera un haz de luz indicaba que está allí».

K. comienza una larga odisea cuyo objeto es convencer a las autoridades de que es el nuevo agrimensor y deben permitirle tomar posesión de su cargo, integrarse a la comunidad. La acción se desplaza del hotelucho donde K. pasa su primera noche en la aldea a la taberna, a la escuela de la aldea, a la casa de unos aldeanos, pero jamás al Castillo. Allí K. nunca será recibido. Algunas veces lo ve: «Ahora podía ver el Castillo, claramente delineado en el aire brillante, su contorno mejor delineado aún por la fina capa de nieve que lo cubría», pero solo en una confusa comunicación telefónica podrá acercarse por breves instantes a sus misteriosos moradores. Por el receptor del teléfono percibe un ruido extraño «como el zumbido de incontables voces infantiles», y luego la voz de alguien que sufre un pequeño defecto del habla, que lo rechaza duramente y cuelga.

K. obtiene cierto reconocimiento de su calidad de agrimensor: desde el primer momento se ponen a sus órdenes dos cómicos hombrecillos que dicen ser sus ayudantes y que resultan una verdadera pesadilla. Un funcionario admite que alguna vez su nombramiento se propuso. Ni sus amores con Frieda, amante de un funcionario vinculado a la jerarquía, ni su penoso trabajo como conserje de la escuela, ni su callada aceptación de los malos tratos del maestro, ni su amistad con distintos habitantes del lugar lo acercarán a la puerta del Castillo.

Franz Kafka nunca acabó de escribir esta novela, publicada como casi toda su obra, después de su muerte. Max Brod, su íntimo amigo y albacea literario, quien faltó a la promesa que hizo a Kafka de destruir sus escritos, cuenta que al final de la novela, tras nuevos esfuerzos fallidos para ser aceptado, que el autor solo llegó a bosquejar, K. siente que le abandonan las fuerzas, en el momento en que, por primera vez, un secretario del Castillo le muestra cierta bondad y le promete intervenir en el asunto. En el último capítulo, solo narrado por Kafka a su amigo, pues nunca llegó a escribirlo, al lecho donde K. yace muerto y rodeado de campesinos silenciosos debería llegar un mensaje del Castillo: K. no tenía derecho a vivir en la aldea pero ciertas circunstancias atenuantes le permitirían trabajar en ella.

Se dirá que la narración es irreal. Lo cierto es que Kafka solo llevó una situación real a sus últimos extremos, agudizándola para convertirla en símbolo. ¿No hay mujeres que pasan su vida esperando a un amante que nunca se casará con ellas? ¿No hemos amado alguna vez a alguien que apenas se percata de nuestra presencia? ¿No hemos soñado con un viaje que nunca podremos dar? ¿No recaen fatales sospechas sobre un hombre por un crimen que jamás cometió?

Toda la obra de Kafka consiste en esta agudización, esta exasperación de situaciones reales. Joseph K., el héroe de *El proceso*, es perseguido y ejecutado por un crimen que ignora; Karl, el joven inmigrante alemán, héroe de otra novela inconclusa, *Amerika*, vive una pesadilla en la tierra donde espera hacer fortuna; el inventor y guardián de un instrumento de tortura en una isla desierta es destruido en *La colonia penal* por su propio invento. La exasperación de la visión va más lejos en *La metamorfosis*, y el héroe (que llámese K., Joseph K. o Karl, no es otro que Kafka), se convierte en un insecto gigantesco.

Algunos críticos han observado que lo que Kafka nos dio fue esta nueva visión, esta revelación de la pesadilla que puede haber en toda su vida, o sea: un nuevo instrumento de observación. Con él, Kafka: revoluciona la literatura.

La obra revela la dualidad del escritor, la ambivalencia que le confiere profundidad. Franz Kafka era un hombre religioso. En su espléndido prólogo a *El castillo*, Thomas Mann profundiza en el lado místico de Kafka, al que llama «un humorista religioso». Para Mann, la imposibilidad de comunicación entre K. y el Castillo ilustra «la conexión grotesca entre el ser humano y lo trascendental».

Pero no se le oculta a Mann el sobrehumano esfuerzo que realizan los héroes de Kafka (y con ello su autor), para integrarse a sus semejantes. Se cuenta una anécdota del novelista francés Gustave Flaubert que impresionó vivamente a Kafka y de la que hablaba a menudo.

Flaubert, que había dedicado su vida a la literatura, a la búsqueda de la perfección en el arte (*Madame Bovary* tardó siete años en escribirse), visitó una vez con una sobrina a una familia amiga, una pareja joven, saludable y fuerte, rodeada de criaturas. De regreso a su casa Flaubert parecía pensativo. Caminando junto al Sena con su sobrina solo interrumpía su silencio para hablar del espectáculo de salud y alegría que acababa de presenciar. «¡He ahí la verdadera vida!», repetía una y otra vez el maestro cuyo credo había sido la negación de la vida por el arte.

Como sus héroes, Kafka sentía la soledad del artista «entre los genuinos habitantes de la vida, los aldeanos, que viven al pie del Castillo». Su obra revela el deseo abrasador del comunicarse con Dios, pero en no menor medida con los hombres.

Para entender los temores de Kafka hay que entender primero sus antecedentes en la cultura y la religión hebreas. Son los profetas de las tribus hebreas, los terribles y amenazadores anacoretas del Viejo Testamento quienes traen el concepto del pecado original, de la impureza de la carne, del crimen y el castigo, de la necesidad de expiar una culpa misteriosa y general, de purgar crímenes que no hemos cometido. El concepto del Paraíso y de la culpa es un concepto hebreo. Cuando el cristianismo triunfa y domina en toda Europa, lo que triunfa es el espíritu de las tribus hebreas; como antes de él había triunfado la idea griega libre de la idea de culpa y pecado.

En la obra de Kafka es muy visible ese espíritu. El escritor se rebela contra el concepto falso de culpa que ha pesado sobre Europa y luego sobre América desde hace veinte siglos. Pero su rebelión no es activa, porque el escritor es un hombre religioso e inclina la cabeza ante ese dios que para él es tan cómico y tan cruel.

El psicoanálisis moderno ha visto en esta actitud peculiar de Kafka la sublimación de un complejo paterno. El escritor admiraba y temía a su padre, sólido y bien equilibrado, en el que veía el éxito social profesional que suele compensar el sentimiento judío de inseguridad y exilio. El padre vivía como se debe vivir, había dominado la vida; el hijo se consideraba un fracaso. El resentimiento consciente de su carta al padre revela ese temor y esta admiración inconscientes. Extrañamente, su literatura, que no es psicológica, impulsa notablemente la moderna introspección literaria.

Pero no debe pensarse que las obras de Kafka están desprovistas de todo sentido del humor. Ciertos pasajes de *El castillo* que el escritor leía en voz alta a sus amigos, provocaban en ellos sonoras carcajadas. Para tratar de los temas que le obsedían, escribió grandes sátiras, que es lo que son en realidad sus grandes novelas. Su novela *Amerika*, prueba del poder de imaginación de un artista, en la que Kafka describe con cómica inexactitud física, pero sorprendente exactitud poética, un continente que jamás visitó, está penetrada de una atmósfera de teatro burlesco.

Es en *Amerika* también donde por primera y única vez revela su optimismo este profundo profeta de las pesadillas que el hombre es capaz de construirse (los campos de concentración que a los pocos años de su muerte empezaron a levantarse en Europa ¿no confirman su visión?). En el último capítulo Karl Rossman, el único de sus héroes novelescos al que Kafka dio significativamente un nombre, y quizás su héroe favorito, reaparece tras inenarrables sufrimientos muy lejos de Nueva York. Klaus Mann glosa con suma penetración este capítulo: el joven encuentra empleo en «El Gran Teatro Natural de Oklahoma», fantástico espectáculo financiado por benefactores invisibles, pero extremadamente poderosos. Allí abandona Kafka a su único héroe optimista, libre del sentimiento religioso de culpa que lo abrumaba a él. Kafka sentía predilección por estas páginas, de la que él llamaba «su novela americana». Con una sonrisa enigmática declaraba a sus amigos que su héroe quizás encontraría «en este teatro casi sin límites», su profesión, su seguridad y su libertad; y quizás hasta su patria y sus padres. Para este último hijo literario, cuyo padre leía con avidez y deleite relatos de aventuras y descripciones de los grandes espacios de la tierra, había esperanzas.

Amerika, comenta Mann, como sus otras dos novelas, es obra fragmentaria. Sus temas mismos prohíben a estas obras llegar a un fin; «son, por esencia y necesidad, inacabables».

Inmensa ha sido la influencia de Kafka en toda la literatura moderna. Su instrumento, su sensibilidad y su visión han dejado una huella profunda en los escritores contemporáneos a partir de 1930, cuando Max Brod decidió romper su promesa y publicar las novelas. Una y otra vez en la novela, en el teatro, en el cuento de nuestros días, reaparece su huella. Puede decirse que hay una literatura antes de Kafka y otra después de él. El instrumento de observación que Kafka creó es un patrimonio permanente del escritor moderno.

1964.

Miller o la libertad

Una y otra vez, inevitablemente después que lo ha conocido, el artista, adolescente o maduro, vuelve sus ojos en momentos de vacilación hacia Henry Miller, el gran escritor exilado norteamericano de entre las dos guerras, en busca del verdadero significado de la palabra libertad.

A Miller se le busca cuando las circunstancias nos oprimen, cuando el mundo físico nos abruma. Entiéndase bien: Miller es la liberación, no la evasión.

En ningún momento Miller se escapa: ama a la tierra y al mundo desesperadamente, y si quiere verlo derrumbarse es para que resurja esplendoroso y para que el hombre viva en él sin sus grilletes. Siente un amor jubiloso y fecundo por la tierra «que no es una árida meseta de salud y comodidad, sino una gran hembra echada». «Soy de la tierra», afirma.

Jamás es el artista que se evade. La imagen más intensamente poética de todo *Trópico de Cáncer*, la revelación más pura y tremenda de la naturaleza de la tierra y el hombre, la obtiene Miller en una visión súbita a través del himen: «Sus muslos me sujetan como un par de tijeras gigantescas». La misión del artista se le revela en una visión de mundos que vacilan:

hacer del caos un orden que es solo suyo. Sembrar la discordia, el fermento, de modo que los que están muertos puedan volver a la vida. Veo en los músculos hinchados de sus gargantas líricas el esfuerzo abrumador que es preciso hacer para mover la rueda.

Su admiración apasionada por Katsimbalis, el gran héroe de su viaje a Grecia, *El coloso de Marusi*, que parece nacido de un olivo, es otra prueba de su amor apasionado a la tierra.

Tenía la complexión de un toro, la tenacidad de un buitre, la agilidad de un leopardo... Hablaba de sí mismo porque él era el personaje más interesante que conocía. Me gusta esa cualidad —añade Miller—, yo también la tengo.

A Miller se le perdonan sus afirmaciones arbitrarias e inapelables que tanto pueden irritar, las contradicciones de su vida, que no hacen más que confirmar las dificultades con que tropieza el hombre para realizarse como el artista quiere. Obligado por la guerra, tiene que volver a los Estados Unidos, de donde se exilió hacia 1931.

Las iniquidades de un mundo del que él no es responsable le cortan las alas, tronchan su libertad y vienen a darle la razón. Ha terminado la excursión a Grecia y debe abrazar a su amigo Katsimbalis. La terrible fealdad del mundo de gentes prácticas lo sume en la desesperanza al subir en El Pireo al barco que ha de devolverlo a Nueva York, donde nació y cuyo terrible engranaje llegó a aplastarlo.

Cuando subí al barco sentí que entraba en otro mundo. Estaba de nuevo entre los que lo consiguen todo, entre las almas sin sosiego que no sabiendo cómo vivir sus vidas, quieren cambiar el mundo.

Las contradicciones de Miller conmueven. Es el artista que balbucea, se desespera y quiere decir con frases entrecortadas y gritos roncos, que no resisten la lógica, alguna tremenda verdad que solo así puede decirse. Es el espíritu humano que sabe que debe romper sus cadenas y solo atina a hacer un gran gesto desesperado. El mejor Miller el del *Coloso de Marusi*, el de los *Trópicos*, el de *Primavera negra*, produce la exaltación: el peor Miller irrita, pero nunca deja de exaltar.

Sin miedo, desdeñando toda perfección, Miller utiliza asombrosamente el lugar común y obtiene resultados inauditos. Jamás escritor alguno utilizó con tanta intuición el valor de lo obsceno como instrumento poético de la liberación del hombre; lo obscenidad en Miller no anda muy lejos de la ternura. Solo Genet en años recientes ha repetido la hazaña, pero sin lograr nunca el acento universal de Miller. Genet es capaz de producir una flor maravillosa y perturbadora de la que solo él tiene la fórmula; Miller en algún momento ha aspirado a fecundar él solo los ovarios oscuros del planeta.

Su obra, además, es de mucho mayor aliento. Se trata de un esfuerzo agotador para probar el poder de rebeldía del espíritu humano y su capacidad para la libertad. Cuando Miller se burla de todas las instituciones humanas, las está reduciendo precisamente a eso, a lo que no deben pasar de ser: obra del hombre, factura del hombre. Las hostiga con todas sus fuerzas y justifica todos los actos contra ellas cuando tratan de sobrepasar al hombre, que las hizo, y después olvidó que era su único autor. Lo que le fascina es su libertad, que estrena todas las mañanas con el primer soplo de brisa. Una libertad agresiva, socarrona, tierna, insultante, insolente y a veces infantil.

En *Primavera negra* hay un párrafo inolvidable que puede parecer (y es), un ataque a la hipocresía anglosajona y a sus irritantes pudibundeces, a la variedad norteamericana que el escritor jamás ha cesado de combatir en su obra, y a la Hipocresía, así, simplemente, sin nacionalidad ni fronteras.

Pero en un plano más profundo se trata de una declaración del credo estético de Miller que pudiera resumirse así: el arte debe ser parte tan inseparable de la vida como los actos más cotidianos; toda separación, toda jerarquización equivale a pompa, a cosa fósil, a muerte; debemos necesitar del arte como del aire. Oigamos la conmovedora profesión de fe:

> Para gozar de Rabelais... recomiendo un excusado simple, campestre, que quede en una dependencia un poco alejada de la casa, cerca de un sembrado de maíz y a través de cuya puerta se filtre un hermoso rayo de luz. Nada de botones que oprimir, de cadena que tirar, de papel higiénico rosado. Nada más que un asiento toscamente excavado y lo suficientemente grande para acomodar en él el trasero, así como otros dos agujeros de dimensiones convenientes para otros traseros.
>
> Y si uno puede llevar consigo a un amigo y tenerlo junto a sí ¡tanto mejor! Siempre se goza más de un buen libro cuando se está en buena compañía. Uno puede pasar una hermosa media hora sentado en el retrete junto a un amigo, una media hora que lo acompañará a uno durante toda su vida, así como el libro en ella contenido y el olor de todo ello. Ningún daño, digo, podrá hacérsele a un buen libro si lo llevamos con nosotros al retrete. Solo los libros ínfimos se resienten de ello. Solo los libros ínfimos sirven para limpiarse el culo.

> París y sus suburbios *Primavera negra.*

En Cuba leemos muy poco a Miller, principalmente porque solo una parte muy pequeña de su obra ha sido vertida al castellano. Hasta hace poco los *Trópicos* habían sido traducidos solo fragmentariamente. Lo más conocido es *Primavera negra*, y la traducción es deficiente. La obra de Miller debe, si es posible, conocerse en su idioma original, hasta tanto se la traduzca como merece. Su literatura no es difícil poesía.

En *Trópico de Cáncer* hay un mensaje para todos los escritores:

> Algunas cosas de mis viejos ídolos me traen lágrimas a los ojos: las interrupciones, el desorden, la violencia... Me exalto cuando pienso en sus deformidades, en los estilos monstruosos que eligieron... en el caos y la confusión en que trabajan, en los obstáculos que acumularon ante sí. La obra de todos esos hombres fue exagerada... pero de esa obra me alimento yo. Cuando me muestran un hombre que se expresa a la perfección, no diré que no es grande, pero sí que no me interesa... Corro gozoso hacia los grandes e imperfectos; su confusión me nutre, su tartaleo es música divina en mis oídos.

Miller no ha pasado. *Nexus II*, su obra más reciente, confirma su fecundidad. Se leyó mucho entre las minorías intelectuales antes y a principios de la última guerra. Muchos lo leyeron cuando sus libros fueron causa célebre al ser prohibida su importación en los Estados Unidos e Inglaterra, y en el mercado de literatura pornográfica se le cotiza bien. Pero de esto Miller no tiene la culpa. Como Joyce tampoco la tiene porque la visión de Molly Bloom encuentre compradores en ese mismo mercado.

La obra de Miller es del futuro. Cuando la humanidad esté libre del hambre y del miedo y haya esclavizado a la máquina, y el hombre aprenda por primera vez a jugar, comprenderá mejor lo que quiso decir Miller al hablarle de la libertad.

1959.

Un libro de Pedro Henríquez Ureña

Con el mexicano Alfonso Reyes, ha sido Pedro Henríquez Ureña el investigador más serio de las letras hispanoamericanas, del aporte de los escritores americanos al idioma español y del desarrollo y los problemas de la cultura en nuestros países.

Sus obras indican una larga dedicación a estos temas: *Ensayos críticos* (1905), *Horas de estudio* (1910), *El nacimiento de Dionisos* (1916), *Antología de la versificación rítmica* (1918), *La versificación irregular en la poesía castellana* (1920), *Seis ensayos en busca de nuestra expresión* (1928), *El español de Santo Domingo* (1940), *Plenitud de España* (1940), *Las corrientes literarias en la América Hispánica* (1945) y la *Historia de la cultura en la América Hispánica*, obra póstuma publicada en 1947, están entre las más conocidas.

Nacido en Santo Domingo en 1884, Henríquez Ureña desarrolló una intensa labor en varios países de América. A partir de 1901 vivió en los Estados Unidos, Cuba, México, España y la Argentina, enseñando y escribiendo. En La Habana publicó su primera obra (1905). Participó en México en el intenso movimiento cultural que desarrolló José Vasconcelos. Desde 1924 vivió casi ininterrumpidamente en la Argentina, donde murió en 1946.

Su breve *Historia de la cultura en la América Hispánica* es una profesión de fe en el porvenir de la cultura en la América de habla española y portuguesa. Entiéndase «cultura» en este caso, no en su sentido antropológico más amplio, sino en el más limitado, pero más profundo, de los productos del espíritu, de la inteligencia, de la curiosidad humana. Desde las primeras páginas del pequeño breviario Henríquez Ureña habla de «civilización», con lo cual anuncia el propósito de no limitar su exposición didáctica a la publicación de una novela, a una temporada de teatro memorable, a los inicios de un movimiento poético. Para él la cultura, en sus manifestaciones superiores, es la publicación de un gran poema, pero también es la colocación de una vía férrea que atraviese los Andes y suprima el aislamiento de dos países. Tan reveladores son los adoratorios zapotecas en forma de pirámide truncada, como la creación de la primera imprenta en el Brasil; tan importante el hecho de que el descubridor del tungsteno, el español Fausto de Elhúyar, enseñara la ciencia mineralógica en México a principios del siglo XIX como el de que la danza habanera se propagara por todas las Antillas, se difundiera en Europa, y después de enriquecer una partitura operática de Bizet, fuera retomada por Chabrier, Saint-Saens y Ravel.

He hablado del optimismo de Henríquez Ureña. Las épocas oscuras, las convulsiones políticas, los movimientos regresivos tan frecuentes en nuestros países, las terribles dictaduras personales, no bastan a abatir la fe del investigador, que tiende una vasta mirada sobre el movimiento de la cultura y obtiene una visión extraordinariamente amplia. A través de todos los obstáculos, el observador reconoce un movimiento muy definido de ascenso.

Henríquez Ureña no alberga falsas ilusiones sobre el pasado. Destruidas o humilladas por el conquistador están las civilizaciones indígenas, desde las dos grandes culturas que florecieron en el siglo XV, la mexicana y la peruana, cuya compleja organización política hizo que los españoles las llamaran imperios, hasta las modestas formas de vida de los guetares de Costa Rica, y los oscuros e inocentes juegos de los taínos a lo largo de la costa cubana, de cuya memoria solo quedan borrosas crónicas. Terminada una conquista, portugueses y españoles se apresuraron a establecer en territorio conquistado las instituciones europeas; si había templos y los recursos lo permitían éstos eran demolidos y sus ruinas se utilizaban para cimientos de un templo cristiano; si palacios, lo que quedara en pie de sus muros soportaría los alcázares de los primeros gobernadores. La cultura indígena se detuvo, pues, o fue arrasada; la humillación cultural se tradujo, en el mejor de los casos, en una resignada pasividad.

Pero las culturas no se hacen pasivamente, sino activa e incluso agresivamente. Somos —con un pasado indígena poderoso en México, en Bolivia, en Guatemala, inexistente en Cuba, en Santo Domingo, en Puerto Rico— europeos. Apreciamos ese pasado con formas de pensar europeas, lo expresamos en un idioma europeo; es el canon helénico y no el azteca el que en gran medida aún nos ayuda a apreciar la belleza en lo que nos rodea. Somos, pues, parte de la cultura occidental; solo podemos aspirar a enriquecerla.

«No se puede abrir los labios sin servir de vocero a millares y millares de muertos», leo en Bernard Berenson. Cuando digo «alpaca» perpetúo el movimiento de los labios de un siervo quechua que, muy próximo a la bestia de carga, con un esfuerzo terrible de su frente, sus brazos y sus piernas ayudó a subir los bloques enormes de piedra con que construirle al Inca su palacio del Cuzco, para quizás perecer aplastado por ellos. Cuando digo «arar» repito, inconsciente pero casi exactamente, la voz con que el agricultor latino designaba la misma acción de romper la tierra de la campiña romana, inconsciente a su vez de que el arado se lo transmitió por vía de Grecia su hermano egipcio.

¿Qué ha hecho la América Hispánica con su herencia? ¿Qué nos dejaron los portugueses y españoles? ¿En qué sentido utilizamos la tradición indígena y continuamos el discurso europeo? ¿Cómo perpetúo yo los movimientos de los millares y millares de labios?

Casi toda la obra de Henríquez Ureña es un esfuerzo por contestar a estas preguntas, por precisar nuestra aportación al pensamiento occidental. «Cuando la independencia política aún no se había logrado por completo, los pueblos de la América Hispánica se declararon intelectualmente mayores de edad, volvieron los ojos a su propia vida y se lanzaron en busca de su expresión», afirma en las primeras páginas de uno de sus mejores estudios, *Las corrientes literarias en la América Hispana*.

En el propio ensayo apunta cómo las descripciones asombradas de los descubridores del Nuevo Mundo dieron la primera aportación de éste al Viejo: el renacimiento del antiguo ideal utópico, el ideal de la sociedad perfecta, no contaminada, que Moro, Campanella y Bacon van a situar en continentes muy parecidos al que Colón acaba de descubrir. «¡Oh, mi América! ¡mi tierra nueva!», gritará Orlando, el héroe renacentista de Virginia Woolf, para el que América simbolizaba «los territorios desconocidos del alma».

Muy pronto América suscitará otro gran debate, el del «hombre natural», que agitará tres siglos las mentes europeas y dará lugar a la ilustración y a la Revolución Francesa.

Aún no conquistada del todo, la América se desquita con un gesto generoso, recordando al cristianismo su verdadera misión, de uno de los crímenes más terribles cometidos en su suelo. El acontecimiento es para Henríquez Ureña,

uno de los más grandes en la historia espiritual de la humanidad. Los predicadores devolvieron brevemente al cristianismo su primitivo papel de religión de los oprimidos.

Papel que muy pronto sería olvidado, pero no antes de que las luchas del Padre Las Casas produjeran en Europa otro acontecimiento: las doctrinas que Fray Francisco de Vitoria, reformador de la teología y la teoría política, expuso en Salamanca.

La doctrina de Vitoria afirmó los derechos de los pueblos a la libertad, aun cuando no fueran cristianos; ningún hombre era esclavo por naturaleza. El desarrollo gradual del pensamiento del gran dominico a lo largo del siglo XVI condujo a la teoría de Grocio del derecho de las naciones. La conquista hace que España, cruel en América, fuera en Europa según Karl Vossler «mentora de la ética entre las naciones».

Las aportaciones a la cultura occidental se hacen más abundantes a medida que las colonias se desarrollan. La chacona americana enriquece la obra de un Bach y un Rameau. Las cuatro obras maestras del barroco en todo el mundo están en México. El estilo neoclásico produce obras como la iglesia de Celaya, también en México, que el inglés Sitwell ha llamado «la última gran iglesia que se ha construido».

El mexicano Juan Ruiz de Alarcón se convierte en «el eticista del teatro español», afirma Henríquez Ureña en sus *Ensayos en busca de nuestra expresión*. Introduce en la comedia de Lope y Tirso la preocupación moral y el análisis de personajes. También ayudó el mexicano, sin saberlo, a crear en Francia un teatro equivalente. Del mentiroso de *La verdad sospechosa* sacó Corneille su *Menteur* y nació así la alta comedia, que Moliere profundizaría. Esta vuelve a entrar en España con Moratín en cuya escuela figura otro mexicano: Gorostiza. «Así, anota agudamente Henríquez Ureña, la comedia moral, en la época moderna, recorre un ciclo que arranca de México y vuelve a cerrarse en México.»

Elvira, o la novia del Plata del argentino Esteban Echeverría se anticipa un año a la primera obra de la escuela romántica en España, el *Moro expósito* del Duque de Rivas. El dominicano Foxá escribe en La Habana en 1836 el primer drama romántico, *Don Pedro de Castilla*, a solo un año de componer el *Duque en Madrid* la primera tragedia completamente romántica escrita en el idioma, el *Don Álvaro*. José Martí publica su *Ismaelillo* en 1882 e inicia un movimiento de origen francés pero que bien pronto dejaría atrás ese origen para hacerse típicamente hispanoamericano: el modernismo que no repercutirá en España hasta dieciséis años después. Martí y Casal, Gutiérrez Nájera, Silva y Darío fueron los jefes reconocidos de este movimiento que para Henríquez Ureña remozó el español literario.

Este milagro que comenzó en nuestra América, fue completado y prolongado en España por Unamuno, Valle Inclán, Azorín, Juan Ramón Jiménez, Antonio Machado...

Hacia 1920 el chileno Vicente Huidobro se instala en Madrid y su influencia sobre jóvenes poetas españoles y americanos da inicio al movimiento moderno en la poesía, en el que España y la América española marcharon a la par. Pablo Neruda, quizá el más grande poeta de la lengua, es hijo del «ultraísmo» de Huidobro.

Así, lentamente, con no poco dolor el hombre del Nuevo Mundo fue colmando el vacío, construyendo sobre culturas mutiladas y abandonadas a su suerte, llenando la soledad inmensa en que lo colocó la invasión violenta de otra cultura manchada de fanatismo y torpeza.

1963.

Memorias de una Isla

La visita

Ahora el lugar tiene un terrible nombre turístico que quizás muy pronto desaparecerá. Se llama Joe's Jungle. Lo dice un rótulo muy recortado y pulido a la entrada, con pretensiones de rústico. El cartel y el nombre son un símbolo de lo que iba a ser la Isla, una nueva Florida, con diversiones planeadas y bosques urbanizados, un inmenso terreno de «parqueo» con olor a gasolina, paraíso de especuladores en bienes raíces. El rótulo sabe a excursión con guía aburrido y propina preconvenida, a «jungla» de plástico y a leones pintados con *vynil*, que resiste la intemperie.

Cuando yo lo conocí no había rótulo. Era en el interregno entre dos invasiones, de las que hablaré después. Uno iba a visitar a la señora de la finca, a descansar un rato, de regreso de una cabalgata que nos acercaba un poco al improbable y lejano Sur, última Thule de los pineros, el vasto y desolado Mediodía de la Isla. A la finca se entraba por una avenida de los árboles más espesos que yo había visto. Después supe que Jones, el propietario, había hecho venir de la India raros ejemplares de plátanos, de palmeras, de árboles de pan, que se aclimataron inmediatamente al país y se mezclaron con sus hermanos de especie y con el guayacán y la yagruma. Era la selva que asombró a Colón con su inmensa variedad, cuando se asomó a ella por primera vez remontando el río en Baracoa, y los indios le agradecieron el cumplido inesperado con el espléndido regalo de unos papagayos que le alcanzaron a nado.

Para mí, procedente del árido mundo de concreto de La Habana, era la primera visión del bosque cubano antes de la bárbara quema, del aposento inofensivo de lo maravilloso y lo gentil, de un mundo de plácidas conjuras que nunca llegaban más allá del griterío del caos.

En un claro, como una isla en constante peligro de ser devorada por el bosque al menor descuido, una extraña casa tejida de bejuco y madera, de alta techumbre de cobija y dos aguas. Supimos después que la inusitada vivienda es lo único que perdonó el huracán del año 26, que barrió con la casa de vivienda y privó a la Isla por muchos años del escándalo de las cotorras. Una anciana viene a recibirnos, muy risueña y pausada. Nos ofrece sillas, modales anticuados, un coco. Vive sola, completamente sola, en medio del bosque, agarrada a lo que le dejó el huracán. Nos preguntamos de qué vive porque en la finca no hay siembras. Posiblemente de recuerdos. La rodean antiguos muebles de mimbre, esmaltados de blanco hace muchos años. El salón es un monumento al barroco de mimbre, al arabesco de bejuco. En los anaqueles, sobre las viejas cómodas, los recuerdos de la señora contemplan a los visitantes. Son pálidas estudiantes inglesas, recién graduadas del curso de 1880, jóvenes novatas enlazadas por la cintura cuya frescura oculta la amarillez y la humedad de sesenta años.

La señora pide noticias del mundo exterior.

—¿Es cierto que cayó Machado?

—Sí, pero ya hace años.

—Ah, sí.

Alguien pregunta por Tim. ¿Cómo está? ¿se le ha visto últimamente?

—Ahorita viene, ya debe tener hambre, anda perdido —dice la señora.

Hay en el rostro de la anciana una extrema paz, el contento de los que agradecen los días y no piden nada. Quizá el difunto señor tenía capacidad para amar algo más que sus plantas. Llegan más visitantes y los ojillos aumentan su brillo. La señora agradece las visitas, son su única distracción en las largas ausencias de Tim, su único acompañante vivo.

A los adioses, llega Tim, que además de hambre debe haber sentido curiosidad. Lentamente se desprende de la viga desde donde sin duda ha estado observándonos desde que llegamos. Es un enorme majá, de varios pies de largo. En sus lentos movimientos hay un elemento hipnótico que sobrecoge a los visitantes. La pesada bestia atraviesa la pieza pegada a un muro. En sus ojos sin párpados hay la misma mirada fiera de sus mortales hermanos, la terrible expresión de ira diabólica de todos los ofidios. Pero Tim, como todas las bestias de Cuba, es inofensivo. Y además es fiel a su vieja amiga. Con seguro reptar, se dirige a la despensa donde seguramente le aguarda alguna golosina que él deglutirá lentamente, de vuelta en su observatorio de la cobija de guano, como postre de una cena que consistió quizá en alguna rana descuidada.

La anciana nos despide debajo de los plátanos de la India con su pequeña sonrisa bondadosa. Cuando se retira con paso menudo, los plátanos se cierran bruscamente tras ella.

Paradiso

Quien como Milton aún confíe en encontrar el confín para siempre perdido, que vaya a Santa Fe, cruce el río, atraviese la plaza y tome hacia el monte por una calleja lateral. Allí, a pocos metros, está la antesala del Paraíso. Inútil avanzar mas. Sería demasiado ambicioso y correríamos riesgo de no volver a encontrarla jamás. El paraíso está aquí en la tierra si tomamos la buena ruta de ómnibus. Cuatro enormes laureles son los pilares de este reino inesperado de la felicidad. No hay que buscar más, aquí está, aquí cesan todos los dolores. Como si el verde no fuera suficiente para dulcificar todas las ambiciones, los millones de hojas de los cuatro laureles filtran la luz y actúan como un elemento refrigerante sobre la brisa. Se concibe morir. ¿Extraña que Martí sanara de sus recuerdos del presidio político cuando parecía lesionado para siempre por el infierno de cal de San Lázaro?

La isla abunda en paraísos, y la vecina Cuba también. Pudiera abundar más si amáramos más los generosos gigantes verdes, si nos enteráramos de que la sombra de un laurel produce al mediodía más felicidad que diez unidades de aire acondicionado. Lo hemos olvidado. Quizás algún día volvamos a aprenderlo.

Cuentos

La isla, deshabitada durante largos años, olvidada de españoles y cubanos, es lugar propicio a la leyenda y a los cuentos. A fines del siglo XVIII un viajero inglés decía que la Evangelista solo estaba habitada por cotorras y jutías, y que de vez en cuando alguna solitaria figura humana atravesaba los caminos.

En tal desolación, la imaginación de los seres humanos busca colmar los vacíos, con vivos o con aparecidos, o con ambos.

El legendario Sur es centro favorito de lo extraordinario. Inmensa llanura bordeada de mangles y de playas, a ella solo llegaban, hasta que la carretera la comunicó con el resto de la Isla, las goletas que venían a buscar el carbón hecho por carboneros vascos y sus hijos, o algún que otro cazador. Tierra de larga soledad. Dicen que un fabuloso incendio estuvo ardiendo dos años sin que nadie lo pudiera apagar, y destruyó caobos y cedros que tres hombres no podían abrazar.

El humo se veía desde el centro de la isla y cuando creían apagada la conflagración la llamarada maldita volvía a encenderse después que escurrían los aguaceros. Se oyen historias de cazadores muertos de sed, de carboneros asesinados y enterrados, sin que la noticia llegara a ningún juzgado, cuya muerte abría un largo ciclo de venganza. Todo esto está en contradicción con la vida en Santa Fe, donde los moradores tienen a orgullo no cerrar nunca una puerta.

La vida anterior al siglo XIX es casi desconocida, vaga. Las comunicaciones con Cuba eran lentas ¿quién iba a aventurarse a vivir en la lejana Evangelista? Stevenson leyó alguna memoria de piratas del XVII e instaló allí la primera leyenda. Esto, y la soledad de las grandes cuevas, el melancólico Cerro de los Cristales, confirmaron la atmósfera de leyenda de aquella parte de la Isla donde nunca llegaban los viajeros.

La Guerra Grande tuvo su parte de culpa. Hacia 1873, año de grandes desastres cubanos, comenzaron a llegar a la Isla, cuando llegaban, en botes, en míseras cachuchas, fugitivos del Camagüey asolado por el Conde de Valmaseda, buscando un refugio donde esperar el fin de la guerra o la victoria de las armas cubanas. Nacieron en las cuevas los primeros palenques mambises, junto a los palenques de esclavos. Durante años vivieron escondidos los fugitivos, alimentándose de plantas y de alguna jutía que se dejaba agarrar, saliendo solo de noche de las cuevas, para que nadie viera los harapos a punto de caer ni los rostros espectrales. Se cuentan escenas de locura, crímenes, noches de espanto, en la inmensa desolación de la Isla.

La primera invasión norteamericana tuvo lugar hacia 1900. Creyendo poder retener la Isla, los risueños invasores invirtieron enormes cantidades en plantaciones y hoteles. Una activa campaña de prensa y un fuerte laborantismo dentro de la Isla contribuyó a que el tratado que reconocía la soberanía de Cuba, firmado en 1903, no fuera ratificado hasta veinte años más tarde por un Senado que no perdía la esperanza de venir a pasar la vejez en la bella posesión. Cuentan que cuando llegó a la Isla la noticia de la ratificación algunas familias abandonaron abruptamente sus posesiones, libros, mobiliarios, vajillas, ropas, en un súbito rapto de ira y de exclusivismo, y tomaron el primer vapor. El ciclón del 26 se encargó del resto. Además de destruir cotorras y pinares, dejó solo el casco de algunas bellas propiedades. Tres escalones de mármol de una escalera trunca y dos columnas dóricas son el rastro de una mansión derruida. Una larga verja de piedra y hierro cerca de Santa Fe es todo lo que queda de una gran villa, que hizo erigir la terquedad. Las ruinas melancólicas abundan, para el que sabe mirar.

Aguas

Santa Fe es desde siempre lugar de aguas infinitas. La circunda el agua, que corre por el río en pequeñas cascadas. En el subsuelo trabaja el agua por salir. No menos de cuatro manantiales aportan su caudal, muy cerca, a este mundo de aguas. Y por las tardes, el cielo se desborda en tremendos aguaceros de una fuerza desconocida en otros lugares de Cuba. Dentro de una poceta, mientras cae el chaparrón, me siento de pronto hermano de Noé, en un mundo de donde todos los demás elementos han desaparecido y solo queda el agua y las descargas mortales de los rayos.

Una noche, en aquel mundo líquido, mientras los árboles destilaban el agua del día, y toda el agua del mundo parecía congregarse a mi alrededor, oí una mujer cantar adentro, en lo más profundo de la poceta radioactiva, por entre las piedras del tibio manadero desde donde era posible atisbar el

centro de la Tierra, que algunos creen ígneo y yo supongo
femenino y húmedo.

1960.

El centinela en el Cristo

Mediaba junio cuando un amigo extranjero y yo decidimos hacer el ascenso obligado al Cristo de Casa Blanca (de Regla, le llamaba mi amigo con esa impunidad deliciosa que permite a los extranjeros situar a Isla de Pinos en plena Ciénaga con la mayor tranquilidad).

Sin percatarnos de lo tardío de la hora, con el desdén por los horarios que súbitamente experimentamos al mostrar la ciudad a los extraños, alquilamos una falúa cubierta, de remos, de las dos o tres que quedan en el puerto y que dan al Muelle de Caballería un aire remoto a como imaginamos que ha de ser el Cuerno de Oro, en una Estambul improbable. El obligado patrón gallego, parlanchín además, deleitó a mi amigo con relatos de mareas, arribazones y huracanes, dichos con una fuerte melancolía cantábrica. El silencio a esa hora era tan absoluto que los relatos del patrón podían oírse en la otra orilla.

En silencio atravesamos la alta plazuela dormida de Casa Blanca, con su escenario pequeñito para representaciones imaginarias, donde tres chivos descansaban de rumiar ante un público de espectros que nosotros vinimos a perturbar.

Atravesamos el barrio empinado, donde el ancho brazo de mar, separándolo de La Habana, ha conservado con increíble pureza las costumbres provincianas. Era muy tarde; los portales estaban apagados y los sillones vacíos. Todos los novios del pueblo se habían despedido y las pobres viejas al fin dormían.

Lentamente iniciamos el ascenso sudoroso por la escalera del Observatorio. Muy abajo, sobre el muro de la carretera que sube serpenteando desde la carbonera, dormitaba un soldado rebelde. A cada paso nos deteníamos, buscando en la noche sofocante el alivio del terral. La plazuela, el escenario minúsculo, el caserío, iban quedando muy abajo, y al llegar arriba quedaron ocultos por el breñal de la ladera. El soldadito era solo un punto, allá en la carretera.

Pero el espectáculo que se ofrecía a nuestra vista valía todas las fatigas. La ciudad respiraba silenciosa el escaso aire de la noche, en un sueño espléndido. Dormida, La Habana era mucho más hermosa. En la ciudad desierta, el silencio era perfecto. Casi al alcance de nuestras manos, los muros de La Cabaña, la fortaleza más hermosa que los españoles dejaron en la América, seguían los caprichos de la ladera, sin desprenderse de ella por un momento, hacia el mar. La estatua del Cristo, irónico regalo de un régimen despiadado, grande, enorme, pero desprovista de grandeza, elevaba sobre nuestras cabezas sus pliegues de piedra, compasivo y ajeno, como si lo hubieran instalado allí sin preguntarle y se sintiera fuera de lugar para siempre.

Frente a nosotros estaba la pequeña casa del Comandante de la fortaleza, a la sazón el Che. En el lugar, inundado de luz, reinaba completa soledad. Eran las primeras horas de la madrugada.

Al percatarnos de que el sitio, más elevado que la fortaleza, dominaba la pequeña casa y era ideal para lanzar un ataque y correr a la cercana oscuridad, nos asombró la falta total de vigilancia que allí había. Sentados frente a la enorme estatua, medimos la distancia con la vista y conjeturábamos, con la calma de quien medita un abstruso problema, las posibles formas de ataque, cuando al volvernos para apreciar mejor una distancia vimos a nuestras espaldas, casi tocándonos, como si también tomara parte en el abstracto cálculo, pero sonriendo y reposando acostado sobre la tierra, al soldado rebelde que habíamos visto allá abajo, como vagando sin rumbo junto a la carbonera. Ante nuestra súbita inmovilidad asombrada, sonreía con una expresión divertida y picaresca en los ojos negrísimos, la barbilla apoyada en el Garand elocuente con que nos encañonaba, extendido el cuerpo sobre la tierra, la cabeza descansando en un brazo, en actitud de amoroso y profundo reposo, mientras nosotros buscábamos desesperadamente algo qué decir.

Había subido como un gato montés, sin hacer ruido, trepando por el risco y cruzando en absoluto silencio la carretera, hasta situarse con la pesada arma a pocos centímetros de nosotros, mucho rato antes de que nos percatáramos de su presencia.

La visión fue relampagueante. En un instante, que valía por muchos volúmenes, comprendimos lo que había sido la lucha en la Sierra, las vigilias en la montaña, los ataques súbitos y fulminantes a los convoyes enemigos, las emboscadas, los hombres trepando en silencio para sorprender a la muerte, la muerte ignorada por toda la eternidad, la sensación de soledad terrible.

Pero no fue ésa la revelación de la noche. La verdadera revelación vino lentamente, al calor de la conversación sencilla y amistosa, que giraba como jugando sobre el Sol de la Sierra, el calor de la llanura y los episodios de la guerra en que había intervenido, a los que restaba toda importancia, y que después se hizo seria hasta llegar a los objetivos de la Revolución, de los que tenía un concepto clarísimo, y a la distribución de la tierra, patrimonio de todos los que la trabajen, de la que hablaba con gran intensidad. Este hombre utilizaba una lengua desconocida, se expresaba en términos inusitados de la vida y la muerte, pero sobre todo, de la vida y del derecho al disfrute de sus bienes inagotables; de una nueva justicia, de un concepto más humano y menos abstracto del bien. Todo enunciado con asombrosa lucidez, más que con palabras con la expresión intensa del rostro. El fatalismo había sido reemplazado por la tranquila determinación y una alegría sin límites.

Estábamos —estaba yo, hombre de la misma tierra—, ante un nuevo tipo humano, un ser absolutamente revolucionario en el sentido total de la palabra, con el que nacía una sensibilidad desconocida hasta ahora, un producto telúrico, un ser dulcísimo producido por la violencia, mitad criatura de los riscos, mitad apóstol justiciero y juguetón que mostraba dientes fuertes y blanquísimos en una gran risa de adolescente. La Revolución se había desbordado, y sin sospecharlo había producido este rostro infinitamente limpio, perspicaz y profundo. De ojos rasgados, tez oscura y rostro afilado, duro y flexible, con una absorbente preocupación de justicia, e infinitamente cortés, era tan nuevo y desconocido para mí como para mi compañero. Tampoco yo sabía que en Cuba habitasen seres como éste. Era como si la esencia de la nacionalidad y de todo un Continente hubiera estado oculta y ahora reapareciera. Este hombre traía un nuevo modo, un nuevo estilo, desconocido hasta ahora no solo en la vida cubana, sino en la vida del Continente, como si durante siglos la Sierra lo hubiera preservado y la Revolución lo hubiera descubierto.

Para mí, alimentado sobre la misma tierra, este pequeño muchacho campesino de pómulos altos, de melena negrísima y tirante, atada fuertemente a la nuca con peinetas de carey en un mechón de muchacha, con absoluto desprecio por los atributos convencionales de su sexo, era tan inesperado como podía serlo para mí asombrado amigo, que veía ahora frente a sí asombrosamente resumida, la Revolución. Y este hombre traía el mensaje más trascendental de la Revolución, el más importante de todos, y que empequeñecía a todos los demás, el mensaje de la justicia.

Nosotros habíamos sospechado una nueva conciencia, un nuevo estilo, pero ésta era la revelación inesperada, en medio de un escenario fantástico, sobre el trasfondo de la ciudad muerta e incandescente, de mis sospechas del nacimiento de un ser desconocido, duro y tierno, pequeño y gigante que se aprestaba a realizar la transformación social de un Continente.

Cuando hubo confirmado la bondad de nuestras intenciones, el soldado desapareció a saltos, sonriendo, tan súbitamente como había llegado, con un corto saludo, y nosotros iniciamos lentamente el retorno a la ciudad, sin hablar palabra. Todas las palabras estaban de más.

El patrón, que nos esperaba abajo seguro de que la madrugada hacía sus servicios imprescindibles, nos miraba de reojo durante todo el viaje de regreso, un poco decepcionado ante nuestro mutismo gozoso, y tras inútiles esfuerzos optó también por el silencio.

1960.

Hacia una comprensión total del XIX

¿Cómo reconstruir costumbres sin caer en el costumbrismo? ¿Cómo tratar de entender la vida de cada día durante todo el vasto siglo XIX cubano, que sin embargo es preciso reconstruir, puesto que lo consideramos trascendental?

Las pendientes fáciles de los Landaluze y los Miahle están ahí, invitándonos a que nos dejemos rodar hacia la reconstrucción pintoresca. Los lugares comunes, los bailes de Tacón, los danzones escandalosos del Escauriza, el arco iris químico de los refrescos del Louvre, están ahí también, más que gastados por el uso, por la cita periodística y por el relato pseudoliterario. Fatiga imaginar un solo paseo más por la Alameda de Paula.

Casi no hay novela ni artículo de la época en que alguien no tome a alguien del brazo y lo pasee por la tarde junto al parapeto. Los relatos del veraneo en el Cerro, y de las grutas de la Colla de San Mus, cuando Galiano tenía dos hileras de álamos y los malojeros esperaban el cañonazo de las ocho para entrar en la Plaza del Vapor, han terminado por agotarnos. Un siglo de maloja literaria con alguno que otro grano perdido en la pajiza deben habernos curado para siempre del gusto a yerba.

Quedan los periódicos y revistas de la época para orientarse, además de la literatura, buena o mala. Ahora bien, ¿no estamos mintiendo de antemano por omisión al escribir una simple carta? ¿No mentimos cuando singularizamos un estado de ánimo o una situación, excluyendo todo lo demás que ocurre en el mismo momento y haciendo que se suma en el eterno olvido? ¿Qué esperar entonces de la invención novelesca o de la crónica forzosamente parcial?

Pero si excluimos todo eso, ¿qué nos queda? Con toda la repugnancia que uno pueda sentir por las definiciones, ¿qué otra cosa es la literatura sino una gran expresión constantemente renovada de impotencia, más el reconocimiento humilde de estar encadenados a ella porque lleva en sí la esperanza del hombre de llegar a reconocerse?

Queda la arquitectura, que no miente, como la gran sugeridora de lo que fue el estilo, pero que si da el marco de un modo de pensar y vivir, no da la vida. Y la posibilidad, tantas veces soñada, de cerrar los ojos en una esquina cualquiera de la ciudad y volver a abrirlos exactamente cien años antes para obtener la revelación total e imposible. El pasado puede ser tan seguro. O el viaje extraplanetario. De situarnos fuera de la constelación solar, la dimensión tiempo quedaría inmediatamente eliminada. Pero ante la imposibilidad de tal desplazamiento estamos fatalmente sujetos al tiempo y obligados a tratar de comprender lo sucedido.

Y solo nos queda recomenzar humildemente por los mismos caminos sabiendo que Miahle miente, que miente Landaluze, que mienten Villaverde y Meza y los dos Betancourt, que mintieron Heredia y Doña Tula y Hazard y Valdivia y Fornaris, cuando también mentían en tono mayor Flaubert, Dickens y la más talentosa de las Brontë. Mintieron todos al darnos una versión altamente parcializada de su circunstancia, pero al mismo tiempo dijeron la gran verdad a que los limitaba su visión particular. Sus mentiras y sus verdades, en otras palabras, su espléndido o su mediocre esfuerzo impotente, son la gran clave para entender el pasado y la costumbre, y esa cosa más huidiza aún que se llama el estilo. Mienten en escala delirante los *croniqueurs* y nadie como ellos, sin embargo, para hacernos entender con sus mentiras, y con el aplastante poder de revelación que tiene la cursilería, la aspiración de una época.

Pero en un momento revolucionario, ¿por qué no ensayar un método revolucionario para entender el estilo y las costumbres del XIX, que tan importante nos parece? Después de todo, fue en él que nos reconocimos luego del empujón que nos dio Humboldt.

Valdría la pena cambiar el enfoque.

Si políticamente no significamos nada para el mundo y tuvimos que esperar a que avanzara mucho el XX para comunicar algo de importancia a la humanidad, alguien tendrá que hacer algún día el gran análisis político del siglo XIX cubano que explique gran parte de sus costumbres y de su estilo. Alguien también —algún Joyce por nacer o en proceso embrionario—, después de devorar hasta la última crónica periodística y hasta el más oscuro de los literatuelos, formulará nuestro siglo XIX en un gran idioma incoherente y sinfónico capaz de expresar el primer siglo coherente de nuestra historia... si es que tal cosa tiene interés. Mejor sería quizás expresarlo como parte de la terrible incoherencia cubana que —se espera—, alguna vez llegará a transformarse en coherencia suprema.

Mientras aparezcan uno y otro, hagamos nuestra pequeña tentativa para acercarnos a una comprensión más cabal de lo ocurrido. Se trata de contemplar la sociedad del XIX desde su base, de buscar nuevos asideros, de intuir la costumbre a través de la masa desconocida, de la que nadie habla o habla solo de paso, de la gente que nunca salió en las crónicas de *La Habana Elegante* ni veraneó en la Seiba ni bailó en la Playa, la que la Condesa de Merlín nunca trató aunque fue servida por ella, de la masa anónima o, mejor aún, de las grandes masas de desconocidos que vinieron o trajeron a la fuerza a conocerse a Cuba.

Podemos reconstruir el ambiente en que vivió el Conde de Casa Montalvo leyendo el informe que siguió a su viaje por Europa con Arango, siguiendo su vida y la de sus descendientes en las citas históricas y en los registros civiles; recrear el dilettantismo del Lugareño leyendo las descripciones que hace el otro Betancourt del salón de estudio de Ciego de Najasa. Landaluze salvó ciertos tipos del siglo al observarlos con ojos llenos de prejuicios y nos los entregó deformados, pero a poco que despojemos a los modelos de los prejuicios del pintor podemos entenderlos con exactitud. Sabemos que los domingos se llenaban las vallas, que en el verano emigraban a Cuabitas los que podían emigrar y que el mulato Plácido era admitido en las fiestas de Matanzas siempre que no se extralimitara. Sabernos también que al terminar la primavera se llenaban los caminos de La Habana de carruajes y que los poderosos emigraban a cafetales del muy mentado Jardín de Cuba, donde el verano transcurría en una furia de bailes y juegos, pero desconocemos prácticamente el lado sórdido de la vida colonial, y menos aún el pan nuestro de cada día de los míseros, la pequeña vida, el poco más o menos de la vida cubana que se prolongaría hasta nuestros días. Admiramos la espléndida arquitectura, el hábitat magnífico apoyado irónicamente sobre una pirámide de esclavos, que comenzaron a construirse los opulentos al devolver los ingleses La Habana e iniciarse realmente la cultura del azúcar, y que culmina en ese momento supremamente inteligente de la creación arquitectónica en nuestro clima que es el Palacio de Aldama. Pero desconocemos lo que pensaban y hacían los que habitaban la calle de atrás, la gente de segunda o de ninguna categoría, los olvidados de la Condesa, los que Heredia no pudo ni mencionar, porque la vocación romántica se lo prohibía.

De Camagüey conocemos el momento arcádico de una sociedad que realiza de ventana a ventana trueques encantadores de panales por cascarilla, asentada sobre una tierra incalculablemente rica y casi vacía, llevada y traída por un mínimo de siervos e incapaz de llevar la cuenta de los novillos; sabemos que en la feria de la Caridad el misticismo y la frivolidad de una extraña sociedad aislada tierra adentro, sin comunicaciones, alcanza su máxima expresión, y que en los portales que conducían a la ermita se practicaba una vez al año la hospitalidad en un gran momento de convivencia. Pero si un oscuro costumbrista no nos lo salva, los hábitos salvajes del sabanero de Puerto Príncipe hubieran pasado inadvertidos. Se nos dice que en domingos salía de La Habana un tren alegre que llevaba a los ricos disfrazados de marineros a bailar al arenal desierto de Marianao, pero cuando el Conde Kostia hace la reseña cursi del paseo al día siguiente, no nos habla de los arrabales fétidos que el tren tuvo que bordear, el traspatio hediondo del Cerro que rezuma palúdicas.

La visión es terriblemente incompleta. No obstante si bien renunciamos de antemano a la totalidad del conocimiento, queremos acercarnos a él lo más posible. Nadie habla de la gran infección que despide La Habana al iniciarse la Guerra de los Diez Años. Ningún costumbrista se acuerda de la fetidez y de la miseria que Humboldt ve desde su primera ojeada a la ciudad, cuando se asombra de que se tapen las furnias con maderas preciosas.

¿Por qué nos aferramos tan tercamente a la visión edénica? Villaverde la destruye y la reconstruye para volver a destruirla con los crímenes terribles de los Sitios, y quizás la suya sería la visión cierta y la sociedad colonial, con sus grandes abundancias y sus grandes hambrunas, tendría mucho de edénica y mucho de infernal, según donde se la viviera.

De los ventilados conciertos domingueros del Yrijoa, con jardín y fuentes para que refresquen el interior, nos llega la visión de la soprano que canta siempre un aria única, pero de los que escuchan desde la calle no hay quién diga nada. ¿Y de los lagunatos de Colón bordeados de pobrezas? ¿Y de la inmundicia de la Marina de Santiago? Pan diario que se prefiere ignorar. Solo Heredia, al pasar, llora «las miserias del mundo moral». De ahí que con un prodigioso esfuerzo de la imaginación tengamos que inferir el resto para tratar de llegar a una reconstrucción del pasado, tristemente faltos como estamos de un Gogol y de una Perspectiva Nevski.

Los ojos extranjeros, curiosamente libres de unos prejuicios y cargados de otros, nos observaban mejor algunas veces, no siempre. Gracias a una carta que un viajero debe entregar al señor Obispo, que presumiblemente veranea en el distante pueblo de Jesús del Monte, nos enteramos de detalles desconcertantes. El viaje es poco habitual para un turista y el cochero lo lleva por extraños sitios que al viajero resultan repelentes y a nosotros nos ayudan a restaurar la realidad.

El viaje me hizo conocer la peor parte de La Habana, con largas líneas de chozas de madera y barro, de una sola planta, impropias para ser habitadas aun por negros. Abundan los establecimientos de bebidas. Caballos, mulos, asnos, gallinas, niños y personas mayores, todas usan la misma puerta para entrar en las chozas; en los patios se ven los montones de basuras. Los tipos de los hombres, los caballos atados a los postes, las mulas con sus serones de frutas y hojas que casi llegan al suelo, todo nos recuerda cuanto hemos leído acerca de la miseria española.

Los niños negros van completamente desnudos, cual los cachorros. Pero esto es común en toda la ciudad.

El cuadro comienza a precisarse en sus contornos crudos; las romanzas de la Condesa junto al balcón del tío Montalvo suenan ahora muy débiles, no llegan a la miseria extrema ni a los fanguizales malolientes del Horcón, a la *misere noire* de los Cuatro Caminos. El romanticismo tuvo entre sus defectos hacernos creer en un mundo sin moscas y sin peste; el gran impulso liberador e individualista del héroe romántico le hizo ver el cielo siempre purísimo o envuelto en sombras cárdenas, y la visión que nos quedó del XIX es esencialmente romántica. Terca y torpemente, Villaverde ve castillos de Walter Scott en los montes de Pinar del Río.

Ningún Zola nos precisó los verdaderos contornos sombríos del panorama del décimonono, los bajos fondos lívidos de Santiago y La Habana, la miseria que siguió al Zanjón, mucho más tenebrosa que las desacreditadas ceremonias ñáñigas; la otra cara sórdida del largo, interminable siglo, que no tenía nada que ver con los saraos de Samá. Nuestros modernos Zolas, muy tardíos, llegaron con la República por la lenta vía de Madrid y su producción difícilmente excede los más modestos límites de la literatura de provincia.

Meza, en cambio, nos prestó un modesto pero útil servicio. En las dos o tres obras que se salvan de la hojarasca general de su producción elimina todo falso brillo y hasta la más pequeña traza de tropicalismo y costumbrismo, y nos obsequia con la visión tan deseada y tan esquiva, la cara gris de la vida colonial.

El futuro Conde Coveo llega a La Habana en traje de pana y alpargatas y sufre la burla de un joyero cruel, de unos mataperros crueles y de una ciudad cruel. Se vengará saqueándola. Por fin logramos la tan perseguida visión sórdida que nos compensa de una vez por todas de las falsas amabilidades de los cronistas, el retrato visto esta vez por la mirada a ras de tierra de los humildes. Comenzamos a entrever una Habana distinta, casi siniestra, capaz de la broma cruel de la víspera de Reyes contra el pobre gallego de Meza, que la turba desarrapada obliga a tañer una campana sobre el parapeto de la muralla, mientras recibe en la cara bolas de fango. *Después de esto, las chirimoyas despiden un olor menos fragante.* Meza, que cree hacer realismo, se está adelantando a todos los escritores de lengua española con sus raras páginas expresionistas perdidas en medio de una obra inmensamente mediocre o francamente mala. Y por esas páginas extraviadas en la inmensidad del siglo le debemos no poca gratitud.

El lápiz hostil de Landaluze completa la visión con sus enanos billeteros, sus vecinas arruinadas y sus calambucos del Espíritu Santo. Si su visión cubana incluye señoras que se visitan de guante negro en días señalados en la prensa diaria, también comprende el estilo cruel que hace que los curiosos contemplen las moscas explorar los párpados de los ajusticiados, cuyas cabezas se exhiben en jaulas de alambre no lejos de la Esquina de Tejas.

¿Cómo definir el estilo de un siglo que comienza a la espera de lentos correos que traigan a la dormida colonia noticias del remoto Bonaparte y termina con el ingreso de la Isla en la dura mano del imperialismo económico moderno? ¿Cómo caracterizar un siglo que se inicia a lomo de buey y termina con Van Horne repitiendo en Cuba la hazaña del Transcanadiense? Por mucho que queramos evitar el exotismo, es imposible eliminarlo totalmente del cuadro en un país donde, en una sola década, penetraron veinticinco mil chinos semiesclavos (sujetos a un régimen tan bárbaro que la Emperatriz se creyó en el augusto deber de protestar desde Pekín), y cien mil negros, por cuya suerte nadie protestó. Inútil no pensar en el fuerte olor de los alcaloides en los fumaderos. Y si en el sufrimiento humano hay exotismo, los que tal crean piensen que a pocos pasos del Prado y de sus paseos frenéticos, pero convenientemente oculto para no ofender el gusto, hubo un barracón para la venta de africanos a los que el ilustre Saco endilgó el sambenito de introducir el cólera en La Habana. Como si no bastara con lo negro de la suerte.

Ni los cómicos españoles del Coliseo, con el aire de escándalo que traen las cantatrices a la ciudad dormida, ni los bailes del Pilar, ni los agarrotamientos espectaculares de la Punta, ni las sombrías descargas de Santa Ifigenia y San Severino, ni las depredaciones de Manuel García, ni las guedejas rubias de la Infanta Eulalia, ni los veranos en Saratoga, logran salvar el largo siglo de un hálito de ramplonería y miseria, de increíble sufrimiento, que los independentistas tratarán de resolver a la gran manera burguesa y positivista. La toma de conciencia como nación es lenta, se busca sobre todo salir del polvo que emana de los interminables expedientes españoles. De ahí el lento nacimiento de la idea de nación que se produce heroicamente contra el desagüe incesante de la decadencia española en la inmensa alcantarilla de La Habana.

Comprender el siglo sin el falso brillo a que nos habituaron, y a que nos habituamos con no poca complacencia; reducir la patriotería aristocratizante de muchos, eco de los movimientos sudamericanos, a sus justos límites y entresacar de ella los dos o tres impulsos esenciales; mirar el lento decursar de cien años desde las penas, de los más y restando importancia a los goces de los menos, es casi un reto a la capacidad intelectual del que contempla. Pero el esfuerzo vale la pena si queremos arribar por fin a una visión despojada y nueva.

1961.

Notas sobre pornografía

El año de la ruidosa clausura de su exposición de Londres por la policía inglesa y de la confiscación de sus cuadros, D. H. Lawrence escribió un panfleto que se editó en Inglaterra y que llevaba por título *Pornografía y obscenidad*. A pocos pasos de la muerte, Lawrence seguía su lucha de veinte años contra los «grises», responsables de la incautación de ediciones completas de algunas de sus obras, los atacados de la «enfermedad gris» que según él se manifiesta en el odio a todo lo sexual, los rezagados del puritanismo victoriano del siglo XIX, que llamó siglo pacato y eunuco, acusándolo de haber querido destruir la humanidad.

El admirador entusiasta del arte etrusco, que hallaba más vital que ningún otro en toda la cuenca mediterránea por lo libre de todo ideal y obediente a los impulsos más espontáneos, acusaba a la pornografía de querer insultar a lo sexual, de ensuciarlo, de reducir el acto sexual al nivel de lo trivial y lo desagradable, de unir al impulso sexual (creación), el impulso excretor (disolución o «descreación»), separados en el individuo sano.

Pero a la pornografía de la foto, de la tarjeta postal, del verso obsceno y el dibujo tosco en la pared, igualaba Lawrence la pornografía que veía implícita en *Jane Eyre*, en *Tristán* o en *Ana Karenina*, obras que en su opinión provocaban la excitación sexual para luego humillar el impulso y degradarlo, con lo cual se daba entrada al elemento pornográfico. Como de esto está impregnada gran parte de la literatura del siglo XIX, el único remedio era hablar libremente del impulso y la vida sexuales e incluso dar a la juventud a leer Bocaccio, que los pornógrafos odian por la naturalidad saludable de sus relatos, y por encima de todo resistir los paños calientes del puritanismo.

Lawrence ve en lo secreto toda la cuestión de la pornografía, la condición esencial para que ésta pueda respirar. El «sucio secretillo de los grises, amado de la muchedumbre» es el germen de la cuestión, y el secreto lo que infecta las novelas «rosa», las películas románticas, las aventuras populares de heroínas neutras de pureza blanqueada, en las que solo el villano o la villana revelaban impulsos sexuales. Acusa a la mayor parte de la literatura y los pasatiempos populares de excitar a las gentes a la masturbación, «el supremo acto secreto y estéril».

De cómplice máximo de lo pornográfico acusaba Lawrence al «Du bist wie eine Blume», el sentimentalismo execrable que compara a la amada con una flor, «tan pornográfico como un cuento sucio».

Han pasado más de treinta años desde que Lawrence escribió el panfleto contra «los grises», que concluía advirtiendo que los peligros del enfoque harto patético, de «desinfectar» lo sexual con palabras científicas, de despojarlo de todo dinamismo y misterio, y de los no menos peligrosos abismos de la actitud, que entre comillas él llamaba libre, que va a lo sexual como quien asume una posición intelectual o de rebeldía social, olvidando «el misterio» lo que está más allá. de nosotros, lo que nos sobrepasa, el impulso que Lawrence nombró y nunca definió, el parentesco de la sangre que corre por todos y que nos hace de todos uno, tema reiterado y jamás definido de toda su obra.

Un nuevo naturalismo, tras una depresión, una guerra mundial y la divulgación de las doctrinas psicológicas, a la que Lawrence contribuyó, ha llegado al mundo occidental.

Para contrarrestar su influencia irresistible se anuncia hasta un renacimiento religioso. «Los grises» ya no se atreverían a recoger una edición audaz, después del golpe que les infligiera el famoso fallo judicial que abrió al *Ulises* las aduanas de los Estados Unidos.

Pero una ojeada a las colecciones de libros de bolsillo de sugestivas portadas que se venden en todos los rincones de los Estados Unidos irritaría a Lawrence, por la insidiosa permanencia del tipo de pornografía que responde a la mentalidad puritana, aunque aparentemente la combate, que viene a ser como un subproducto atroz de aquella libertad que él quería, de aquella renuncia a toda hipocresía vestida de pureza. El sucio secretillo se defiende heroicamente y con un éxito fabuloso, aunque para anunciarse ya no pinte a la joven del ramo de violetas. Ahora explota hasta la saciedad la escena ya clásica sobre la parva de heno en el ardor de agosto. Para furor de Lawrence se ha vestido de audacia, ha adquirido el vestuario de los libres, de los desprovistos de inhibiciones, de los iniciados, o peor aún, de los adolescentes que explotan los misterios con el mismo aire inocente y hasta reverente con que Lawrence quería que nos aproximáramos a «el misterio».

El contenido de estos libros es a menudo mucho más banal que las prometedoras portadas. Es verdad que este tipo de edición ha llevado a la enorme masa del público que antes se conformaba con la novela de detective, para la que fue creada la edición de bolsillo, obras de autores serios. Pero eso no basta a excusar el hecho desconcertante de que las obras más serias de Faulkner o de Isherwood se vendan bajo portadas a todo color en las que inevitablemente la heroína de traje transparente, y el galán de ceñidísimos pantalones y torso desnudo, se dirigen miradas cargadas de lascivia.

No es que nada haya variado, porque afirmar eso sería negar el servicio que Lawrence prestó a la literatura, sobre todo a la inglesa y a la norteamericana. Pero la actitud que hace que se vendan por primera vez tiradas enormes de obras de autores serios a precios ínfimos con el anzuelo de las portadas semiobscenas es en el fondo la misma que exigía que la heroína estuviera esterilizada y lavada de todo pecado. Negando la existencia misma del sexo, los «grises» hacían pornografía sumamente efectiva muy a pesar suyo, porque la imaginación tenía ancho campo para desbocarse y el impulso de atribuir placeres complicados e inauditos a individuos así era irresistible. Nuestros ilustradores contemporáneos, siempre atentos a servir el gusto de los más (mejor de lo que se cree), y jamás intentando mejorarlo, no osarían ir contra la evolución de las ideas, de las nuevas actitudes frente a lo sexual y explotan la veta astutamente. Que utilicen los símbolos de los textos más modernos, que reproduzcan, aunque a su modo, el mundo creado por los autores que rescataron a la vida sexual del ámbito de lo no mencionable no tiene importancia. Consiguen lo mismo: provocar la sonrisa comprensiva, rebajar la imaginación y sobre todo —y esto es lo que da su acento definitivo a la degradación de lo sexual—, provocar la sensación de complicidad. Una vez despierta la idea de la complicidad, ya no hay retroceso posible, el ilustrador ha triunfado y puede dormir tranquilo de que la especie de los masturbadores no ha muerto.

Esta pornografía es peor que la que Lawrence atribuía a los «grises», con sus novelas puras y su terror a llamar a las funciones por su nombre. Es peor porque se sirve de las nuevas actitudes para hacer su labor y por ello tiene mucho de traición. Se piensa en los movimientos religiosos más poderosos, que nunca dejan de sumarse a las corrientes políticas y de reforma social para no quedarse fuera.

Si la insinuación pornográfica es inevitable, creemos, a diferencia de Lawrence, que hay una tremenda distinción jerárquica entre lo pornográfico y la alusión o la provocación banal, que lo francamente pornográfico es finitamente más saludable, de mucho más valor y en algunos casos hasta aconsejable. Un film pornográfico puede ser un agente catalizador de gran valor, inestimable para dar a cada cosa su valor justo en el caso de más de un contemporáneo que interpreta las nuevas actitudes con un criterio muy ingenuo. Si no puede haber el misterio que Lawrence quería, que lo pornográfico pueda desplegar todos sus recursos, prestar su mayor beneficio, demostrar su infinita superioridad sobre la ilustración sugerente y torpe. Destruido el último engaño, desalojada la idea insalubre de lo entrevisto y lo sospechado y sustituida por la crudeza total, lo pornográfico absoluto, al eliminar el último vestigio de prohibición que se cimenta en lo que está oculto o entrevisto, no desboca la imaginación sino la tranquiliza y le da una visión y un equilibrio nuevos y en ocasiones una profunda serenidad.

Al identificar la obra y el mundo de Genet con «la sexualidad de la alcantarilla», Huxley excluye de la posibilidad de redención a un sector enorme de la humanidad. En muchos pasajes de su obra Genet conjura una luz extrañamente pura, una inocencia en que sus personajes fulgen que está del otro lado de lo sórdido y que es muy parecida al bien. Dijérase que para llegar a la zona de luz casi mística en que Genet baña a sus compañeros de prisión (en *Miracle de la rose*), tuvieron que atravesar zonas frenéticas en que lo pornográfico juega un papel decisivo, no como medio sino como fin.

La experiencia pornográfica pura, desprovista de todo afeite y de toda limitación impuesta directa o indirectamente por los prejuicios, puede ser supremamente hermosa, conducir a la serenidad o a la exaltación.

Genet probó esto introduciendo esta experiencia como elemento fluido y, entiéndase claro, en estado inocente. Quizás lo que afee, lo que prostituya lo pornográfico sea la entrada del elemento relativo, de la idea de tiempo y lugar que sugiere prejuicio y lo hace sórdido. Como sucede con otras experiencias si pudiera depurarse hasta producirse en estado de pureza absoluta se revelaría como otra manifestación tremenda de lo universal.

1955.

Anaquillé o la autenticidad

Más que el castigo con la muerte del intruso de Hollywood, que llega a la selva tocando un par de maracas inconsecuentes, más que la sanción terrible a la falta de respeto a la tradición, Anaquillé y su milagro representan el castigo al espíritu frívolo que trata de explicarlo todo, a la ligereza que trata de dar una respuesta fácil a todas las cosas y a todos los misterios del mundo.

Contra ese espíritu que lo mismo invade a México que a la India, a Cuba que a Haití, y desenfadadamente imita para poder explicar, cambiando sucesivamente de atuendo como una corista de varietés, Anaquillé lanza sus más terribles conjuros y toma la última venganza.

Anaquillé lo tolera todo. Al comienzo del ballet lo más que hace es arrojar violentamente del monte al director-industrial, al camarógrafo apergaminado, a las coristas, al galán de perfil valentinesco, a la secretaria, a la estrella con su falso aire fatal, a todo el «set» abominable con sus bambalinas supersimplificadas que quieren limitar y marcar el escenario de los misterios. El sacerdote y sus «iyalochas» se disponen a realizar su rito, ignorantes de todo este mundo extraño y banal que se ha aparecido de pronto en el monte, más allá de los cañaverales. Y cuando los invasores tratan de regresar a la meseta de los sacrificios, un empellón más violento es el solo castigo a su terca frivolidad.

El furor de Anaquillé se despierta únicamente cuando los intrusos pecan del mayor de los pecados: el de la imitación, suprema revelación de la inautenticidad. Ante el inesperado misterio, los visitantes no saben hacer otra cosa que extraer nuevos trajes de sus voluminosos baúles, prender nuevas ideas a sus mentes vacías, ensayar nuevos pasos de baile y nuevos gestos. Ese es el motivo verdadero del furor del brujo y sus divinidades, que destruirá al joven comparsa, la suma moral de los entes supremamente auténticos, para quienes la frivolidad es un insulto terrible.

Cuando comienza la farsa, nadie puede imaginar el final trágico. Brillantemente estilizadas y actualizadas por Ramiro Guerra, las marionetas de Hollywood van surgiendo, inmensamente cómicas e ingeniosas, aunque con un lastre de tristeza, de irrealidad, que las hace lucir gastadas sin haber nacido. El camarógrafo, el pequeño monstruo técnico, que quiere verlo todo, fotografiarlo todo, no dejar de captar nada en su máquina infernal, para poder mostrar que lo comprende todo, es la figura más lograda entre los invasores de Hollywood. El triste hombrecillo representa lo peor y más superficial del espíritu moderno, es la enciclopedia ambulante, el voraz tragador de datos que no puede perderse nada, el repetidor de acotaciones que no es capaz de comprender lo elemental, el maniático tomador de fotografías que en realidad no ve y por ende no respeta nada. Este moderno fetichista y la estrella, con ser los entes más nocivos del drama, nos divierten inmensamente. No importa que casi todo el ballet sea pantomima y se eche de menos una coreografía real. La imaginación del libreto y la importancia del tema más que compensan sus posibles fallas.

Una vez en acción los misterios, despiertas las iras, la obra es más fuerte que el autor, lo arrastran hacia un final inevitable que solo puede ser la muerte, la efusión de la sangre de los culpables del pecado mayor de inautenticidad.

Y he aquí cuando se realiza el milagro, la síntesis de la tradición africana y española dentro de la moderna obra de arte, que solo Lam ha logrado con éxito, el resumen de todos los terrores, el espanto ante fuerzas deformes y ciegas que nos han aterrorizado desde siempre, que una vez desencadenadas por el furor es imposible controlar y se abalanzarán sobre nosotros con pasos torpes y terribles.

Son Ainá y Kaínde —los mellizos divinos de la tradición yoruba—, los encargados de vengar la profanación perpetrada contra Anaquillé. En la tradición popular cubana los Ibeyes, identificados con San Cosme y San Damián, tienen connotaciones más placenteras. Lydia Cabrera nos cuenta la creencia que atribuye a los Ibeyes, a todo mellizo, una gracia sobrehumana; seres a quienes debe hacerse objeto de cuidados especiales, dotados de enorme susceptibilidad, a quienes en caso de muerte el hermano superviviente deberá contentar toda la vida con juguetes y dulces para que no se lo lleve... Se ha utilizado el lado siniestro de estos mellizos divinos aparentemente inofensivos, recordando que acompañan al turbulento Changó, su padre, y que cuando ellos condenan ninguna divinidad se atreve a absolver al condenado.

La aparición de los Ibeyes amarrados por el cuello con una larga soga, marca la escena frenética y final que hiela la sangre. Los enormes mellizos se desplazan con la pesadez de tótems que de pronto comenzaran a moverse. Sus movimientos son torpes, implacables, de una torpeza diabólica que se las ingenia para estrangular al joven actor con el cordón umbilical de la soga, ante la sobrecogida compañía cinematográfica y el público no menos sobrecogido.

La larga espera de treinta y tres años desde que Alejo Carpentier concibió este ballet y Roldán escribió la partitura, ha valido la pena. Diríase que ha sido escrito en estos días dramáticos y grandes para nosotros.

Tratan de explicarnos nuestros propios misterios, cuando aún no hemos aprendido a conocerlos. Una mentalidad que —en el mejor de los casos—, es frívola, ofrece al mundo sin cesar explicaciones sobre nosotros. Y como Anaquillé, rehusamos ser comprendidos si no es en nuestro propio idioma.

1960.